Promenade dans le passé de Montréal

Promenade dans le passé de Montréal

Avec **DINU BUMBARU** et **LAURENT TURCOT**

Plus de 275 photos tirées des archives de *La Presse*

LES ÉDITIONS **LA PRESSE**

Catalogage avant publication de Bibliothèque et Archives nationales du Québec et Bibliothèque et Archives Canada

Bumbaru, Dinu, 1961-
Promenade dans le passé de Montréal
Comprend un index.
ISBN 978-2-89705-547-9

1. Montréal (Québec) - Ouvrages illustrés. 2. Montréal (Québec) - Histoire - Ouvrages illustrés I. Turcot, Laurent, 1979- . II. Titre.

FC2947.37.B85 2017 971.4'2800222 C2017-940959-X

Présidente : Caroline Jamet
Directeur de l'édition : Jean-François Bouchard
Directrice de la commercialisation : Sandrine Donkers
Responsable, gestion de la production : Emmanuelle Martino
Communications : Annie-France Charbonneau et Paul Gilbert

Éditeur délégué : Yves Bellefleur
Conception graphique : Célia Provencher-Galarneau
Révision linguistique et correction d'épreuves : Élise Tétreault
Archives photographiques : Yves Dugas
Photo de Dinu Bumbaru : Alexandre Messier
Photo de Laurent Turcot : Julie Artacho

L'éditeur bénéficie du soutien de la Société de développement des entreprises culturelles du Québec (SODEC) pour son programme d'édition et pour ses activités de promotion.

L'éditeur remercie le gouvernement du Québec de l'aide financière accordée à l'édition de cet ouvrage par l'entremise du Programme de crédit d'impôt pour l'édition de livres, administré par la SODEC.

Nous reconnaissons l'aide financière du gouvernement du Canada par l'entremise du Fonds du livre du Canada (FLC).

Dépôt légal — 2e trimestre 2017
ISBN 978-2-89705-547-9
Imprimé et relié au Canada

LES ÉDITIONS **LA PRESSE**
Les Éditions La Presse
750, boul. Saint-Laurent
Montréal (Québec)
H2Y 2Z4

À ma Montréalaise

– Laurent Turcot

À ceux qui m'ont appris à bien voir Montréal – Melvin Charney, Phyllis Lambert, Cécile Grenier, David Hanna et Gérard Beaudet.

– Dinu Bumbaru

« Que de souvenirs dans cet étroit espace, que de flâneurs y ont promené leur curiosité, leurs caprices, leurs ennuis. Demandez à vos grands-parents qui voguent dans les eaux de la soixantaine sous pavillon neutre, comme on y flânait autrefois, plus gaiement, plus familièrement qu'aujourd'hui. La ville n'avait alors qu'une rue, la rue Notre-Dame ; il y avait une rivière dans la rue Craig ; on allait à la chasse rue Sherbrooke ; il fallait être armé jusqu'aux dents pour se risquer vers le Beaver Hall. L'été on faisait des parties de canot, de la Place-Viger au Griffintown ; on pouvait pêcher à la ligne à la Place-à-Foin. »

– Hector Fabre, *Chroniques*, 1877

SOMMAIRE

AVANT-PROPOS

IMAGES DE L'AVENTURE MONTRÉALAISE

À l'été 2016, nous avons reçu une invitation des Éditions La Presse nous sollicitant pour un projet de livre visant à faire revivre des centaines de photos publiées dans le quotidien *La Presse* depuis sa fondation, le 20 octobre 1884. Croyant qu'il s'agissait là d'un projet aussi simple qu'agréable, nous avons accepté d'emblée et nous sommes donné rendez-vous pour une rencontre qui fut celle de la dure réalité : empilées sur la table de réunion nous attendait une quantité impressionnante de photos. Quelle joie ! Et l'équipe d'édition d'ajouter, sourire en coin : « Messieurs, voici quelques exemples de ce que nous avons dans nos archives, qu'en pensez-vous ? »

Sans faire ni une ni deux, nous avons plongé avec enthousiasme dans le projet, et dans ce vaste catalogue, pigeant dans les montagnes de papier, tirant d'une pile une image sublime, geste qui s'accompagnait naturellement d'une exclamation de plaisir : « Regardez ça ! », « Je n'avais jamais vu Montréal sous cet angle », « Regardez celle-ci ! », « Voici mon quartier », « L'école de ma fille »... Les noms des photographes se succédaient, les Jean-Yves Létourneau, René Picard, Paul-Henri Talbot, Antoine Desilets, Yves Beauchamp, Réal Saint-Jean, Pierre McCann, Michel Gravel et tant d'autres encore.

La scène aurait pu durer des heures tant les découvertes étaient sans cesse plus joyeuses, précieuses, intimes et étonnantes. Mais, rapidement, nous réalisions qu'il y avait matière dans cette mine d'or non pas à un, mais bien à plusieurs livres. Il fallait faire des choix, mais, surtout, déterminer un fil conducteur au livre. Pas question de publier des photos pêle-mêle, trouvées ça et là : ordre et cohérence s'imposaient. Des thèmes sont apparus.

Parmi tous ces clichés, nous en avons d'abord sélectionné plusieurs centaines avant de nous rendre compte de l'ampleur du projet. Nous sommes rentrés chacun chez nous, la tête pleine de toutes ces images du Montréal des temps passés, ne sachant trop par où commencer. Nous devenions, par le truchement de ces photos, des témoins privilégiés de la vie montréalaise, croisant hommes, femmes et enfants ayant vécu et bâti le Montréal d'aujourd'hui. Leurs regards narquois, rieurs, apeurés ou dévastés s'imprimaient en nous.

La rencontre suivante permit de cerner un peu mieux le projet. Un personnage s'imposa alors parce qu'il rassemblait et résumait tous ceux que nous avions croisés. Ce géant d'argile, de roc, de calcaire et de sable allait nous permettre de rendre compte du délicieux frisson devant toutes ces photographies. Ce géant, c'était Montréal, une ville pleine, riche et changeante, marquant ses habitants de sa physionomie en constante évolution.

Notre fil conducteur était trouvé : nous allions nous concentrer sur ce paysage urbain changeant. D'abord parce que certaines des plus belles pièces de la collection de *La Presse* montrent l'évolution de la ville de la fin du XIXe siècle à aujourd'hui, mais aussi parce que plusieurs d'entre elles constituent des premières dans la connaissance de l'histoire de la ville. Des magasins d'antan à grande surface à la naissance des grands axes et des rues principales, des chantiers, des infrastructures, des sports, des divertissements en ville en passant par les catastrophes et les saisons, nous avons voulu présenter cette matière vivante et saisissante à travers une seule lorgnette : les changements et les transformations de Montréal à travers le temps.

UNE VILLE QUI BOUGE

Grand centre manufacturier et industriel du début du XXe siècle, Montréal comptera bientôt un million d'habitants. Le territoire prendra de l'expansion entre 1905 et 1914 : plus de 20 municipalités seront annexées dont Saint-Henri, Rosemont, Ahuntsic et Maisonneuve. Le *Square Mile* (le Mille carré doré), où vivaient alors les magnats de la fourrure et les bâtisseurs d'usines et de chemins de fer qui possédaient près de 70 % de toutes les richesses du Canada, perdra de sa superbe au cours du siècle.

Des politiques publiques sont lancées pour redynamiser la ville délaissée par les élites économiques du pays au profit de Toronto. Avec l'École polytechnique (1873), les Hautes Études commerciales (1907), l'École technique (1911) et l'Université de Montréal qui deviendra autonome en 1920, on pose les bases d'une nouvelle élite. Le milieu financier s'implante notamment grâce à la Banque Royale du Canada qui, en 1928, inaugure son imposant et somptueux siège social rue Saint-Jacques, venant ainsi rejoindre celui de la Banque de Montréal qui avait fait agrandir le sien entre 1901 et 1905. Un peu plus loin, au square Dominion, la Sun Life installe son siège social en 1914 puis l'agrandit entre 1927 et 1931. Pendant ce temps, une formidable poussée démographique permet à la ville de s'étendre vers le nord. Dans le quadrilatère formé des rues Saint-Laurent, Saint-Antoine, Saint-Denis et Sherbrooke se développe le Red Light, quartier mal famé où maisons closes et tripots clandestins abondent.

Au lendemain de la Deuxième Guerre mondiale, le boom économique favorise le déplacement de l'industrie canadienne vers l'ouest du pays. L'ouverture de la Voie maritime, en 1959, fait perdre à la ville son monopole pour la circulation vers l'intérieur du pays et, donc, son rôle de plaque tournante vers la région des Grands Lacs, les navires de haute mer pouvant désormais y accéder directement sans s'arrêter à Montréal. Un secteur-clé de l'économie montréalaise, soit les activités portuaires, est en chute libre et une reconversion s'impose. Les Montréalais profitent toutefois de plusieurs évolutions techniques qui rendent leur quotidien plus agréable et confortable : en 1941, 19 % des ménages possèdent une voiture, 50 % le téléphone et 85 % un poste de radio.

Les années 1950 et 1960 incarnent une ère de modernisation. La circulation est à l'honneur : c'est l'ère du « tout à l'auto ». Il faut rapidement remédier à la congestion du centre-ville : les autoroutes (notamment Bonaventure, Métropolitaine, Ville-Marie et Laurentides) voient le jour ainsi que de grands boulevards tracés à même les anciens espaces les plus peuplés. On justifie la destruction d'anciens quartiers ouvriers au nom de la lutte contre les « taudis ». Il faut désengorger et faire respirer la ville. Le « Faubourg à m'lasse » est sacrifié au profit de la nouvelle maison de Radio-Canada, symbole d'une culture qui assoit ses assises dans l'est de la ville. Le Complexe Desjardins, construit dans les années 1970, représentera plutôt la reconquête par les francophones de leur économie. Les projets d'envergure internationale ont été à cette époque les moteurs du renouveau urbain, de l'Expo 1967 aux Jeux olympiques de 1976. On en profite pour refaire la ville et même la creuser, avec le métro.

L'aéroport de Dorval, construit dans les années 1940, laisse la place à celui de Mirabel en 1975, destiné à être la porte d'entrée de l'Amérique. Toutefois, la cruelle désillusion du projet ramène le trafic aéroportuaire sur l'île de Montréal au début des années 2000. Cet épisode est symptomatique du déclin que connaît la ville entre les années 1970 et 1990. La reconversion vers une économie de services permet à la ville de se maintenir et va même s'accompagner d'un remarquable essor immobilier. D'une ville horizontale dans les années 1950, on passe ensuite à une ville verticale qui se densifie dans les quartiers du centre-ville et de plus en plus dans ceux qui jouxtent l'ancien quartier des affaires. On assiste, à l'Île des Sœurs, Ville Saint-Laurent ou sur la Rive Sud, à une urbanisation métropolitaine. Montréal devient le terrain de jeu des promoteurs qui veulent construire à tout prix.

La ville du XXIe siècle tâche aujourd'hui de se redéfinir et de renforcer son identité singulière, celle d'une ville ouverte sur le monde où il fait bon vivre. La façon dont la ville s'est construite au fil du temps est sans doute le véritable pouls de Montréal. Les archives photographiques de *La Presse* constituent à cet effet un remarquable témoignage et un jardin d'images à travers lequel il fait bon se promener.

Dinu Bumbaru et Laurent Turcot

LA VIE QUOTIDIENNE

Pour esquisser l'évolution de la population de l'agglomération montréalaise, on pourrait se contenter de l'illustrer en chiffres : 1,4 million d'habitants en 1951 et 4 millions en 2016. Cependant, tout cela resterait un peu froid, détaché, il y manquerait la matière essentielle de ce qui fait et définit la ville : ceux qui y habitent et fondent, chacun à leur manière, l'identité montréalaise.

La poussée démographique d'après-guerre, le baby-boom, la poursuite de l'exode rural au Québec ainsi que les grandes migrations internationales contribuent à irriguer le corps de la ville en lui insufflant une essence de vie, mais, plus encore, à lui donner son caractère unique en Amérique du Nord. Au début des années 1900, la ville compte 61 % de francophones, 34 % d'anglophones et 5 % de Montréalais dont la langue est autre. Les vagues d'immigration se succèdent et s'accélèrent, des Italiens du sud, des juifs russes, des Français, des Autrichiens, des Polonais, des Chinois et quelques Roumains qui, tous, s'organisent en petites communautés dans des quartiers marqués et définis. Dans les années 1950, on assiste à l'arrivée des Grecs, des Portugais, des Haïtiens et un peu plus tard des Sud-Américains, des Vietnamiens ou encore des Libanais. Des clivages s'installent en ville.

Gérald Godin, dans son célèbre poème *Tango de Montréal* reproduit aujourd'hui sur un mur près de la station de métro Mont-Royal, écrit :

Sept heures et demie du matin métro de Montréal
c'est plein d'immigrants
ça se lève de bonne heure
ce monde-là
le vieux cœur de la ville
battrait-il donc encore grâce à eux

La grande mosaïque culturelle demeure cependant fortement marquée par la division linguistique que trace le boulevard Saint-Laurent avec les anglophones à l'ouest et les francophones à l'est.

L'accroissement démographique entraîne un réaménagement urbain au cours de la seconde moitié du XXe siècle : en 1963, le centre-ville historique prend le nom de « Vieux-Montréal » ; l'île en entier, mais aussi Laval et les rives (sud et nord), deviennent des terres d'accueil. Le percement de grands axes de circulation facilite l'accès vers ces nouveaux développements. Demeure aussi le vieux tissu résidentiel dont on doit s'occuper. Il faut, pour certains, offrir des logements à bon marché et salubres : détruisons et reconstruisons, par exemple les Habitations Jeanne-Mance qui voient le jour en 1961. Pour d'autres, on doit s'astreindre à protéger le bâti ancien, la notion de patrimoine (résidentiel, commercial et industriel) est à l'ordre du jour.

L'un des traits les plus remarquables de la construction résidentielle est la persistance du duplex qui donne à Montréal son caractère unique. Les duplex d'après-guerre sont maintenant surélevés, permettant de remplacer la cave traditionnelle par un sous-sol suffisamment haut pour y aménager des pièces habitables. L'aménagement intérieur se modifie au cours des années 1950, plusieurs bâtiments conservent un long couloir caractéristique. Mais, dans d'autres cas, on le remplace par un hall central, innovation permise par la réduction de la profondeur des « plex ».

Les grands immeubles d'appartements, qui s'étaient répandus dans les années 1920 et 1930, occupent toujours une place prédominante dans le paysage montréalais. Pourtant, à partir des années 1960, la construction de résidences unifamiliales dépasse nettement celle des duplex, et l'accès à la propriété est encouragé mais surtout permis par la prospérité. On transforme bientôt d'anciennes voies d'accès à l'arrière des résidences en modèle unique de vie urbaine. Les ruelles, dans lesquelles on livrait anciennement le charbon et la glace, s'offrent comme des lieux de divertissement. Véritables extensions des cours, elles sont peu à peu transformées. L'opération Place au Soleil, dans les années 1980, permet, après l'élimination des hangars, d'en faire de petits parcs. Aujourd'hui les ruelles, vertes et blanches, incarnent sans doute le mieux la renaissance de la vie de quartier montréalaise.

Laurent Turcot et Dinu Bumbaru

LA RUE SAINT-HUBERT

Ces deux vues de la rue Saint-Hubert en 1928 illustrent les traits de l'architecture typique des artères commerciales des débuts du XIXe siècle, avec leur cadre bâti d'échelle domestique, leurs vitrines au rez-de-chaussée avec de grands auvents rétractables en toile, les logements aux étages et les jeux de brique, tourelles et autres éléments d'ornementation qui animent le paysage urbain. Ces artères verront arriver les palaces de quartier, ces salles de cinéma ou de vaudeville comme le Plaza, construit en 1922 à l'angle Beaubien, qu'on voit ici avec sa marquise.

PLAZA
SODA

^

LE RAMASSAGE DES FEUILLES MORTES

Dans un des anciens quartiers populaires du cœur de la métropole, les équipes d'employés municipaux s'affairent à ramasser les feuilles sous le regard curieux des résidents et des passants.

>

FIN DE LA RÉCRÉATION

La récréation est finie ! En rang par deux, les élèves remontent en classe par l'escalier arrière de cette école. La maçonnerie de mœllon en pierre grise des murs témoigne de la dimension historique du bâtiment. Montréal compte un impressionnant patrimoine scolaire qui marque les quartiers de la métropole de son architecture et illustre l'évolution de la société montréalaise. Dans le Quartier chinois, on trouve même une ancienne école aujourd'hui logeant une fabrique de nouilles. Bâtie dans les années 1820 par l'architecte de la basilique Notre-Dame, James O'Donnell, elle offrait une éducation bilingue et non confessionnelle, fait notable pour l'époque.

FOR SALE
Royal Trust
REALTOR
PIERRE T. LI 334-6608
273-7561
995
MARINE
OUTFITTERS
993
CHARGEX
master charge

^

TOUR DE CALÈCHE POUR LES ENFANTS DÉFAVORISÉS

Dans le Sud-Ouest de Montréal, le 13 décembre 1978, le Père Noël accompagne des enfants défavorisés dans l'allégresse lors d'un tour de calèche.

<

VIE DE QUARTIER SUR LA « MAIN »

Au cœur de l'été, le 3 juillet 1974, sur le boulevard Saint-Laurent, un instant de la vie quotidienne : le facteur passe

LES MAISONS DES ANCIENS COMBATTANTS

En ce 9 mars 1946, les travaux lancés en octobre 1945 avancent pour la construction des maisons de vétérans dans le quartier Maisonneuve, près des rues Hochelaga et Viau. Créée par le gouvernement fédéral dans le contexte de la Deuxième Guerre mondiale pour loger les ouvriers de guerre, la Wartime Housing Company a accompli sa mission en 1947 après avoir construit à Montréal plusieurs ensembles de ces maisons pour les soldats de retour au pays.

CRISE DU LOGEMENT

Après la Deuxième Guerre mondiale, la crise du logement frappe la métropole. La Ville de Montréal loge temporairement des familles sans logis dans une baraque qu'elle avait acquise de la Wartime Housing Limited le 7 novembre 1946.

BALCONVILLE

Le 1er août 1974, la rue Cartier s'anime le temps d'une fête de quartier qui transforme les balcons et les escaliers si typiques des rues de la métropole, en loges de ce théâtre urbain. Certains en profitent pour transformer leurs jardins clôturés en petits sanctuaires de la chanson populaire en y créant une véritable iconostase fantaisiste des vedettes de l'heure.

2183
2181

RENE SIMARD

ON DÉMÉNAGE !

Le 1er juillet n'a pas toujours été la date officielle de la fin des baux. Ce n'est qu'en 1974, par une loi qui abrogeait le Code civil du Québec, que cette tradition s'est installée. Depuis 1886, la date d'expiration d'un bail à durée fixe de 12 mois était plutôt le 1er mai. Jusqu'au milieu du XXe siècle, la coutume du déménagement le 1er mai existait dans d'autres villes d'Amérique du Nord, notamment à Chicago et à New York. À Montréal, l'usage des camions de déménagement ne s'installe véritablement qu'après la Deuxième Guerre mondiale. Il n'était pas rare, comme sur cette photo, de voir des déménagements se faire à pied, en charrette de fortune ou encore en voiture.

QUEBEC 38
17-803

^
LE QUARTIER SAINT-HENRI

Dans le quartier Saint-Henri, le paysage urbain porte les indices de l'urbanisation particulière de cet ancien village de tanneurs du XVIIIe siècle, propulsé à l'ère industrielle par le développement du canal de Lachine. Annexé à Montréal en 1905, Saint-Henri avait continué d'autoriser les constructions revêtues de clin de bois comme celle-ci. Autre indice de l'ancienneté de l'urbanisation, les pavés traversant le trottoir marquent la présence des portes cochères, autre trait de l'architecture des vieux quartiers montréalais.

>
LES CORDES À LINGE DES RUELLES DANS LES ANNÉES 1950

Bannie par la règlementation de plusieurs municipalités des banlieues de l'après-guerre soucieuses d'apparence, la corde à linge anime à sa façon le paysage des ruelles montréalaises tout comme les rues des anciennes cités méditerranéennes. Les préoccupations contemporaines pour l'économie d'énergie la remettent en vedette.

3906
THE GREAT CANADIAN
MOVING PICTURE CO.

<
LES ESCALIERS EXTÉRIEURS

Au XIXe siècle, l'urbanisation rapide de Montréal amène la multiplication des portes victoriennes et des escaliers qui y mènent. Invention montréalaise permettant de créer des logements ouvriers sans recourir à la formule anglo-américaine des « tenements », l'escalier extérieur sera décrié puis banni dans les années 1930 avant d'être redécouvert 40 ans plus tard grâce à la littérature.

>
LES HANGARS DES RUELLES

Construction utilitaire mais souvent hétéroclite, le hangar est le grand monument de la ruelle des quartiers montréalais. Lieu magique pour les enfants, rangement pratique pour les parents, mais source importante de risque d'incendie, il a été démoli par milliers.

RESTAURANT
CHEZ EMILE
MONTCALM
BATTERIES
AUTO-LITE
Rexall
DRUGS

ÇA BOUGE SUR LA RUE ONTARIO

Le 30 septembre 1959, le maire Sarto Fournier promet un avenir glorieux à la rue Ontario, ici à l'angle de la rue Montcalm, en déclarant qu'elle deviendra l'un des plus grands centres commerciaux au Canada.

<

LES POTEAUX DE LA RUE LAURIER

À l'angle des rues Laurier et de Lanaudière, les poteaux et enseignes de différentes époques se côtoient.

>

FOULE EN LIESSE SUR SAINTE-CATHERINE

Dès la première annonce de la victoire en Europe, la foule en liesse sort et occupe la rue, ici la rue Sainte-Catherine, à l'est de McGill College, le 7 mai 1945, la veille de l'entrée en vigueur officielle de la capitulation sans condition.

HARTNEY
RADIOS
STOVES
5504

^

LES BELLES FAÇACES DE LA RUE DE LA COMMUNE

La rue de la Commune, avec sa courbe qui rappelle le profil de l'ancienne rive aujourd'hui bien loin au bout des quais du Vieux-Port, constitue l'une des plus belles façades de Montréal avec son enfilade de bâtiments en pierre grise. Pourtant, ce n'était que la façade arrière et utilitaire, tournée vers le port avec ces escaliers de secours en métal, de ces bâtiments dont l'entrée véritable et les boutiques donnaient rue Saint-Paul.

>

DES COLIMAÇONS EN FER FORGÉ

À notre époque de produits de masse et du « tout machine », on regrette la virtuosité et le talent des artisans qui ont su imaginer et fabriquer de tels colimaçons en fer forgé. On peut imaginer le vertige ou le plaisir des enfants qui les empruntaient tous les jours.

RUE BENOIT
RUE VALLÉE

<
BIENTÔT LE COMPLEXE DESJARDINS

Au pied du siège d'Hydro-Québec, monument du Québec moderne inauguré en 1962, une scène de rue tirée directement du XIXe siècle vit ses derniers moments. Les rues Benoît et Vallée et leurs maisons à mansarde et porte cochère disparaîtront bientôt pour faire place au Complexe Desjardins, monument du mouvement coopératif inauguré en 1976.

>
DÉMOLITION RUE SAINT-NORBERT

Rue Saint-Norbert, malgré les efforts des citoyens, la boule du démolisseur aura le dernier mot.

LE SQUARE VIGER

Aujourd'hui, le square Viger est un vaste toit sur l'autoroute Ville-Marie en quête d'une nouvelle urbanité. Mais il s'agit d'un des plus anciens espaces publics de Montréal, créé au XIXe siècle en asséchant un marais entre le coteau Saint-Louis, où se situe l'actuel Vieux-Montréal, et la terrasse qui remonte vers le Quartier latin et la rue Sherbrooke. Autour du square, la bourgeoisie montréalaise s'installe dans de belles résidences, comme celle-ci de l'architecte Perreault, et amène ses institutions comme l'École des hautes études commerciales, visible sur la droite, inaugurée en 1910.

LA MAISON GEORGE-ÉTIENNE CARTIER

La maison de Sir George-Étienne Cartier, à l'angle des rues Notre-Dame et Berri, atteste la présence de la bourgeoisie libérale dans le quartier aménagé dans la partie est de l'actuel Vieux-Montréal, dégagée lors de l'arasement de la colline de la citadelle au début du XIXe siècle. Elle a été transformée en musée commémoratif de ce père de la Confédération après une vive polémique suscitée par un premier projet architectural de reconstruction et reconstitution dans la foulée des projets de Louisbourg et de place Royale, qui l'aurait dégagée de ses ajouts au prix de son authenticité.

LA MAISON NOTMAN

Classée monument historique en 1979, cette maison néoclassique, construite en 1845 et associée au photographe William Notman qui y habita jusqu'à sa mort, a vu son environnement empiété par le service de voirie de la Ville de Montréal, qui a grugé son jardin avant en élargissant la rue Sherbrooke et en perçant la rue Clark dans les années 1950. Aujourd'hui, la maison Notman entre dans le XXIe siècle et est devenue la Maison du Web, une ruche de jeunes entrepreneurs des nouvelles

LA MAISON SHAUGHNESSY

Au centre de la façade en pierre grise de cette imposante résidence de style Second Empire, un trait rappelle celui du cadastre qui sépare deux lots. C'est que la maison Shaughnessy était à l'origine deux maisons jumelées, construites en 1874-1875. Ayant échappé à la démolition contrairement à ses voisines, les grandes demeures emportées pour élargir le boulevard ou créer les bretelles d'accès à l'autoroute, elle a logé des œuvres religieuses, d'où la croix qu'on voit sur cette image des années 1970. Mais, c'est son acquisition par Phyllis Lambert qui ouvre la voie vers sa sauvegarde définitive, sa restauration et son intégration au Centre Canadien d'Architecture.

MAGASINER

À la fin du XIXe siècle, Montréal est déjà un centre commercial bien établi au cœur du grand commerce international, mais elle est surtout reconnue comme le marché de première importance au Canada. La ville est, entre autres, le centre manufacturier du pays, et c'est ce dynamisme qui permettra de dégager un peu plus de richesse et de temps pour la grande majorité des Montréalais, qui entendent bien profiter des avantages du grand commerce.

Les « cathédrales de la culture de masse », ces « grands magasins » qui s'installent rapidement en Europe et aux États-Unis, trouvent aussi à Montréal une terre riche et prospère, où fleuriront ces établissements. Tous s'installent rue Sainte-Catherine et proposent une manière nouvelle de présenter les produits, en laissant un libre accès aux visiteurs et en les invitant à s'approcher pour toucher et sentir.

Smith & Morgan (le premier en 1845 qui se renommera peu de temps après Henry Morgan & Company), Ogilvy (fondé par James Ogilvy en 1866), Dupuis Frères (1868), John Murphy and Co. (1869) ou Samuel Carsley (1871) s'installent durablement. Ces grands magasins, dont les profits reposent sur le volume de leurs ventes et une rotation rapide de leurs stocks, attirent les foules. Celles-ci, qu'on espère sans cesse plus nombreuses, jouent non seulement un rôle économique évident, mais elles font aussi partie de la mise en scène du magasin, de son décor et de sa dynamique. La vie de ces établissements dépend totalement des mouvements, des bruits, de l'enthousiasme que seule une foule peut créer. Ils offrent un espace où on a la liberté d'examiner, de manipuler et de s'informer sans aucune obligation d'acheter, les consommateurs considérant même parfois les lieux comme un espace collectif, voire public, au même titre qu'un parc urbain, un boulevard ou un café.

Autrefois une période de recueillement religieux, Noël entre, avec les grands magasins, dans l'ère de la consommation. Dès les années 1870, on comprend l'intérêt que représente ce moment dans l'année et on investit massivement pour développer et encourager la consommation. Grâce à la mainmise des grandes maisons de commerce sur l'imaginaire et les symboles de cette fête, Noël devient peu à peu une pièce de l'engrenage que constitue la société de consommation. À son approche, les vitrines des grands magasins trahissent cette opulence nouvelle, telle celle de Morgan (aujourd'hui La Baie) en 1949. Montréal devient un écrin particulièrement intéressant de cette culture de masse en ce que l'argent ne connaît pas de distinction de langues, de cultures ou de religions : la seule chose qui importe, c'est la dépense et l'achat. Aussi se forge-t-il une culture urbaine francophone montréalaise intégrant la tradition canadienne-française et les modèles américains. La période des Fêtes devient ainsi un moment de communion entre l'ouest et l'est de la ville sur les grandes artères commerciales.

L'acte d'achat n'a rien de neuf : les marchés publics (Bonsecours, Saint-Jean, Atwater, Jean-Talon, Maisonneuve, etc.), qui tapissent la ville depuis le début de la colonie jusqu'à aujourd'hui, constitueront longtemps le ventre de Montréal. Puis, des transformations se multiplieront, on voit naître de grandes épiceries avec notamment Steinberg, géant de l'alimentation montréalaise qui comptera même 115 succursales au Québec à un moment de son histoire. Bientôt, avec les centres commerciaux – le premier à Montréal date de 1951 –, on voit les zones traditionnelles du commerce (centre-ville, Plaza Saint-Hubert) s'étendre de plus en plus aux franges de l'île, voire au-delà. Cela permettra de voir apparaître un lieu de plus en plus caractéristique de la vie quotidienne montréalaise, le dépanneur qui, au coin de la rue, devient une identité de quartier.

Laurent Turcot et Dinu Bumbaru

HENRY·MORGAN·&·CO.
LIMITED
. . . and a Merry Christmas to all

MORGAN

Le magasin Henry Morgan & Company, fondé en 1845, sera le premier à lancer le mouvement de migration vers la rue Sainte-Catherine. Le bâtiment, inauguré en 1891, est remarquable par son architecture de style néo-roman, ses sculptures et son grès rouge importé d'Écosse. La marquise du magasin sert de piédestal pour d'étonnantes installations décoratives en ce 6 décembre 1949. Le magasin La Baie a repris les locaux en 1960, mais le nom de Morgan's restera jusqu'en 1972.

WOOLWORTH

La révolution du commerce de détail verra l’émergence d’un réseau de succursales de chaînes internationales et d’une nouvelle architecture indifférente à la singularité des villes où elles s’implantent, facilitant l’accès de produits de consommation à bas prix. En ce 6 novembre 1973, le magasin Woolworth, à l’angle des rues Sainte-Catherine et McGill College, disparaîtra bientôt et fera place à la vue sur la montagne.

JOE'S
STEAK
SIMPSONS
SIMPSONS

S. S. KRESGE CO

^

LE DÉBUT D'UN EMPIRE

La première pharmacie Jean Coutu, située sur la rue Mont-Royal, angle Garnier, en 1969 : c'est le début d'un empire.

<

LE PREMIER CENTRE COMMERCIAL

Construit en 1951 à Ville Saint-Laurent, le centre commercial Northgate (que l'on voit ici en 1959) est le premier de Montréal et un des premiers au Canada. Cette nouvelle forme d'architecture commerciale, inventée pour répondre à la nouvelle donne qu'est l'automobile, se multiplie au moment où les nouveaux quartiers voient le jour en périphérie de la métropole.

^

LA BANQUE D'HOCHELAGA

Au cœur des quartiers populaires, les succursales bancaires, le plus souvent établies à l'intersection des rues, revêtent une architecture presque résidentielle comparativement aux grands monuments du centre-ville et de la rue Saint-Jacques. Ici, la banque d'Hochelaga, dans le quartier Bordeaux, voisine un débit de boisson à l'enseigne des grands noms de bières que sont Black Horse et Frontenac au début du XXe siècle.

>

ALCOOL, JEU ET JAZZ

Entre les années 1920 (début de la prohibition aux États-Unis) et 1950, Montréal se fait une réputation de ville de plaisirs, d'alcool, de jeu et de jazz. Nombreuses sont les maisons de jeu à voir le jour et il n'est pas rare de voir débarquer les policiers, alertés par des concurrents, qui en échange de quelques faveurs ou billets, passent l'éponge. Cette photo a été prise le 20 décembre 1949.

CANADIAN BILLIARD
HALL
Drink Coca-Cola
PUBLIC
PEPSI-COLA
7up Likes You
fresh up! with 7up IT LIKES YOU
fresh up! with 7up IT LIKES YOU
7up IT LIKES YOU
DRINK

LE DÉPANNEUR DE QUARTIER

Le dépanneur de quartier situé à l'angle des rues Panet et La Fontaine, photographié le 19 septembre 1974, est caractéristique de la vie de quartier montréalaise et d'une architecture on ne peut plus quotidienne. Ses enseignes, réclames et vitrines sont typiquement montréalaises.

L'ORANGE JULEP

L'Orange Julep, un des symboles de Montréal, a été ouvert dans les années 1940 par M. Hermas Gibeau, photographié ici le 14 juin 1974. Il y en avait plusieurs dans la région de Montréal, mais celui situé boulevard Décarie est aujourd'hui le seul qui subsiste dans son intégrité. Ce restaurant a la forme spectaculaire d'une gigantesque orange de 12 mètres de diamètre qui devait être éclairée de l'intérieur, la nuit, pour donner l'impression d'un repère incandescent sur la route.

^
LE MARCHÉ SAINT-JEAN BAPTISTE

Le marché Saint-Jean Baptiste, qui était situé à l'angle des rues Saint-Laurent et Rachel, est typique des constructions de style Art déco des années 1930, dont le but premier était de créer de l'emploi et de distribuer plus efficacement les services dans les quartiers. En mai 1965, il vit ses dernières heures.

>
LE MARCHÉ MAISONNEUVE

Monument de style Beaux-Arts, le marché Maisonneuve incarne l'ambition visionnaire de notables de l'est de la ville de créer une cité modèle. Le 25 septembre 1963, les cultivateurs viennent proposer leur production dans de nouveaux étals.

EMILE SEGUIN
SEGUIN
BANANES
DEFENSE
FLANER

<

LE MARCHÉ À POISSONS

Vestige de l'intense activité des marchés autour du marché Bonsecours, le modeste marché à poissons, rue des Commissaires, sera bientôt chose du passé. Cette photo prise le 25 novembre 1955 en saisit les derniers moments.

^

LE MARCHÉ DE LA PLACE JACQUES-CARTIER

Au milieu des années 1950, la fonction de marché du Vieux-Montréal atteint son paroxysme. Devant la congestion qui ne cesse de croître et le déplacement des populations vers le nord, les autorités déplacent les marchés près de la nouvelle autoroute Métropolitaine et transforment l'espace libéré, ici face à l'hôtel de ville, en immense stationnement étagé.

LE MARCHÉ JEAN-TALON

Le 17 juin 1974, l'activité est intense au marché Jean-Talon, qui regorge de primeurs offertes directement par les cultivateurs. Le marché devient peu à peu le lieu d'approvisionnement des communautés culturelles de Montréal qui transforment les quartiers environnants à partir des années 1920.

LE MARCHÉ SAINT-JACQUES

L'urbanisme impose le déploiement du réseau de marchés publics un peu partout à travers la ville. Ici, le marché Saint-Jacques, un édifice modeste fort animé dès les premières lueurs de l'aube jusqu'au début de l'après-midi.

LE MARCHÉ SAINT-LAURENT

Le 28 avril 1932, des ouvriers mettent la dernière main à la construction du nouveau marché Saint-Laurent, face au Monument-National, dont le style Art déco marque l'époque. Ce projet fait partie du grand programme de réfection des infrastructures et des bâtiments pour créer de l'emploi après la crise de 1929.

SHEA & CO

LE MARCHÉ BONSECOURS

Avant l'arrivée des grands commerces d'alimentation, le Vieux-Montréal constitue le marché principal de la métropole. Le marché Bonsecours empiète sur les rues avoisinantes, ne cessant de croître comme ici sur la place du Champ-de-Mars, le 16 août 1920, où les marchands offrent les produits de la ferme aux urbains.

LES RUES

La rue, c'est le premier lieu public qu'on rencontre en sortant de chez soi. Elle est le théâtre où se déroule l'ordinaire du quotidien des commerces ou des voisins. Elle relie les gens, les lieux et les quartiers entre eux, souvent après avoir relié les villages de l'île pendant des générations. On ne s'étonne donc pas de voir son aménagement et son entretien préoccuper tant les citoyens comme les dirigeants. Avant d'être élu premier maire de Montréal en 1833, Jacques Viger était le principal fonctionnaire montréalais en tant qu'inspecteur des grands chemins, rues, ruelles et ponts.

Au cours des XIXe et XXe siècles, la rue montréalaise a connu de grandes transformations. Avant, elle n'existait essentiellement que dans l'actuel Vieux-Montréal et se poursuivait dans un réseau de chemins qui le reliaient aux autres établissements et villages de l'île de Montréal. Avec l'industrialisation et l'immigration, l'accroissement de la population et la création de nouveaux quartiers à partir des terres de l'ancien cadastre du Régime français provoquent une expansion du tissu urbain et, avec lui, de la trame des rues.

Par ailleurs, la rue devient un équipement technique et le lieu où les différents modes de transport urbain, individuel ou collectif, sont en concurrence, voire en accumulation. Au plan technologique, les métropoles du XXIe siècle offrent l'occasion de développer de nouveaux matériaux de revêtement pour la chaussée ou les trottoirs ; on essayera même les blocs de bois gorgés de bitume avant se concentrer sur les dalles de pierre, l'asphalte ou les fameux pavés de granit. Dans l'emprise de la rue et des trottoirs, notamment des rues principales où tout passe, on intègre différents services publics comme l'éclairage, l'alimentation électrique ou le gaz, les appareils de contrôle de la circulation ou les réseaux d'évacuation sanitaire des eaux usées.

Au XXe siècle, l'arrivée massive de l'automobile transforme carrément la rue. La première voiture automobile a circulé à Montréal en novembre 1899; elle appartenait à Ucal-Henri Dandurand, promoteur immobilier du quartier Rosemont. Depuis cette date, le nombre de véhicules a connu une croissance gigantesque qui s'est traduite par une conquête de la rue qui sera élargie, déneigée, réaménagée, le tout au service de la fluidité de la circulation, souvent aux dépens des qualités de la rue urbaine bordée d'arbres.

Mais, toutes les rues ne sont pas des rues principales. Plusieurs doivent ce titre à l'histoire des anciens chemins et tracés fondateurs qui parcourent l'île et reliaient ses anciens villages. D'autres ont été conçues pour le devenir dans les nouveaux quartiers que les promoteurs immobiliers ou les compagnies de tramways ont dessinés et construits, bien avant que les services municipaux se préoccupent de planification urbaine et non seulement de l'entretien de la voirie.

À l'image de celles au cœur de bien des villages au Québec et ailleurs, la rue principale du quartier montréalais est une rue de commerce et de vie collective, y compris les défilés ou les braderies qui en font un grand théâtre urbain. On y trouve les magasins, petites épiceries du coin avec leur porte en coin ou grands commerces avec leur architecture de vitrines et devantures, d'auvents et, bien entendu, d'enseignes peintes, gravées ou lumineuses.

L'affichage est un trait distinctif de cette architecture urbaine de nos artères commerciales. Parfois excessif au point de l'écraser et de le dominer, il anime le paysage des quartiers, et ce, pas uniquement sur les rues principales métropolitaines que sont Sainte-Catherine ou Saint-Laurent. Avec l'électrification et le développement de la technologie du tube lumineux au néon, inventé par le français Georges Claude en 1910, l'affichage en vient à marquer les nuits de la métropole comme celles des autres grandes villes du monde dans l'entre-deux-guerres et les Années folles. Aujourd'hui, l'affichage fait l'objet d'un intérêt archéologique alors que les institutions du commerce montréalais ferment et passent le relais.

Dinu Bumbaru et Laurent Turcot

ANGLE SAINT-LAURENT ET SAINT-ANTOINE

En ce 30 juillet 1912, les ouvriers s'affairent à l'intersection Saint-Laurent et Saint-Antoine dont le pavage de granit est sillonné des rails du tramway. Au fond, en haut du côteau du Vieux-Montréal, on aperçoit d'anciennes maisons centenaires longeant la rue Notre-Dame et, derrière elles, le clocher de la chapelle Notre-Dame de la pitié du couvent des sœurs de la Congrégation, qui seront bientôt démolis pour prolonger le boulevard jusqu'au port, en 1914.

LA RUE SAINTE-CATHERINE

Au début du XXe siècle, même la rue Sainte-Catherine, grande artère commerciale de la métropole, est bordée de hauts poteaux en bois portant les différents câbles et fils qui innervent la métropole et ses quartiers. Et les grandes enseignes publicitaires apparaissent sur les toits des édifices comme ici près du square Phillips, face au magasin Morgan, aujourd'hui La Baie, avec sa marquise toujours appréciée bien qu'elle ait perdu un peu d'élégance au fil des rénovations.

MANDER FRERES
MOLSONS
HUILE
HOTEL ROY
FOREST
FRERES

⌜

LA PLACE JACQUES-CARTIER

Dans les années 1930, la place Jacques-Cartier est bien tranquille en dehors des jours de marché dont l'intense animation explique la largeur de la chaussée autant que les grandes enseignes peintes sur les murs mitoyens. Au loin, on voit poindre la flèche du clocheton de l'hôtel de ville, reconstruit et rehaussé après l'incendie de 1922.

<

LA RUE DE LA COMMUNE

Vue du haut d'un des anciens élévateurs à grain du port de Montréal au début du XXe siècle, la rue de la Commune forme un remarquable ensemble avec sa longue enfilade courbe d'anciens magasins et entrepôts en pierre grise aux enseignes peintes, en grande partie intactes. En arrière-plan, la silhouette de la vieille ville est dominée par les dômes des édifices publics, notamment celui de l'hôtel de ville, au centre de l'image, qui sera détruit en 1922 dans un incendie mémorable.

^

LA RUE SAINT-JACQUES

Encadrée d'une belle architecture commerciale dont l'édifice de *La Presse*, la rue Saint-Jacques vers l'est dans les années 1920 offre une vue dégagée vers le remarquable dôme ajouté en 1894 sur l'ancien palais de justice de 1857 pour loger la bibliothèque du Barreau, lieu remarquable aujourd'hui oublié et en attente d'une réanimation.

<

LA RUE DE LA COMMUNE

Entre la vieille ville et le port, la rue de la Commune est née de l'occupation graduelle de la grève du fleuve. Son identité a été longtemps utilitaire, entre les bateaux, les trains et les entrepôts des magasins de la rue Saint-Paul. La relocalisation des activités portuaires, l'ouverture d'une fenêtre sur le fleuve et, surtout, le réaménagement du Vieux-Port à la suite des consultations publiques de 1985 et 1986 l'ont grandement transformée. Sur cette vue, un repère de la rue manque : c'est le dôme du marché Bonsecours, emporté par un incendie en 1948 puis reconstruit en 1964.

↙

AVANT POINTE-À-CALLIÈRE

Devant la mythique taverne Jœ Beef – l'originale –, voilà la confluence de la rue de la Commune, qui longeait le fleuve puis les voies ferrées du port, et de la place d'Youville, cette ancienne rivière canalisée au XIXe siècle. En novembre 1965, ainsi était le site qui accueillera le musée d'archéologie et d'histoire, Pointe-à-Callière, l'un des grands legs du 350e anniversaire de Montréal, en 1992.

>

LA PLACE D'YOUVILLE

Dans les années de l'après-guerre, ici le 6 mars 1956, une proportion croissante de l'espace public est consacré à l'automobile. Transformée comme tant d'autres en stationnement, la place d'Youville est une ancienne rivière canalisée au XIXe siècle par la construction d'un collecteur en pierre. On y bâtira le marché Sainte-Anne où logera, à l'étage, le Parlement du Canada Uni avant que des émeutiers ne l'incendient en 1849, marquant dans la violence l'avènement du gouvernement responsable au Canada.

CANADIAN ASBESTOS CO

W.H.PERRON
SEEDS · SEMENCES
CHEZ PERRON TOUT EST BON
FURNITURE
CASH REGISTER
Landry
TAVERN
HERB
Sweet Caporal
CIGARETTES
UNITED NEWS AGENCIES
CADBURY'S

<

LE BOULEVARD SAINT-LAURENT

Prise de l'édifice de *La Presse* le 23 mai 1951, cette vue montre un boulevard Saint-Laurent bien dégagé des embouteillages qui l'encombraient habituellement après l'entrée en vigueur d'un règlement de police y régissant la circulation, entre la rue Craig, aujourd'hui Saint-Antoine, et l'avenue des Pins.

^

LA RUE WINDSOR

Prise le 22 juillet 1953 à l'angle des rues Peel et Saint-Jacques, cette vue vers le nord rappelle à quel point les gares du centre-ville étaient entourées d'hôtels de prestige. Avec sa coupole surmontée d'un grand drapeau, l'hôtel Windsor a été inauguré en 1878, soit 11 ans avant la gare Windsor.

MONTREAL TRAMWAYS COMPANY
FRONT
2004
STATIONNER
NO PARKING

LE TERMINUS DE LA RUE CRAIG

La rue Saint-Antoine, dénommée Craig à l'époque en 1932, est au cœur du réseau de tramways montréalais avec ce terminus d'architecture néo-classique, construit vers 1925. Lors de sa démolition en 1980, les pierres moulées de sa façade avaient été conservées avec l'intention de les ériger dans le cadre du projet du palais des congrès, une idée qui s'est perdue en route...

^

DES PONTS MÉTALLIQUES

Depuis 1847, le chemin de fer relie Montréal et Lachine. Installées à l'origine à la campagne et longeant les anciens chemins qu'étaient les actuelles rues Notre-Dame et Saint-Jacques, ces voies ferrées sont graduellement rattrapées par l'urbanisation et se transforment en obstacle qu'on enjambe, comme ici pour la rue de la Montagne en 1936, par des ponts métalliques qui seront démolis 50 ans plus tard alors que le secteur, après le départ définitif des rails, est transformé en quartier résidentiel.

>

LA GARE WINDSOR

Sous le célèbre dirigeable britannique R-100, la rue Peel longe la monumentale gare Windsor du Canadien Pacifique. À l'origine, cette grande rue du centre-ville s'arrêtait à la rue Saint-Jacques, bloquée par les voies ferrées de l'ancienne Compagnie du Grand Tronc, devenue Canadien National. Dans les années 1950, la gare est reconstruite et la rue Peel est prolongée jusqu'au canal de Lachine, devenant l'une des rares à relier la montagne et l'eau en ligne directe.

R-100
STOP

LA RUE McGILL COLLEGE

À la fin des années 1950, la construction de l'hôtel Reine Elizabeth et l'arrivée prochaine de Place Ville-Marie au-dessus de la sortie du tunnel sous le mont Royal, qu'on voit en bas de cette vue de 1958, amènent la Ville de Montréal à planifier l'élargissement de l'avenue McGill College pour magnifier cette perspective sur la montagne. Proposé en 1952 par l'urbaniste français Jacques Gréber, cet aménagement sera réalisé des décennies plus tard, après la polémique de 1984 entourant un projet de centre commercial.

ÉLARGISSEMENT DU BOULEVARD DORCHESTER

Un jour avant l'échéance, angle Saint-Denis près d'un tas de briques, les ouvriers terminent en décembre 1954 les travaux de percement du dernier tronçon de l'élargissement du boulevard Dorchester, aujourd'hui René-Lévesque, avant de fermer le chantier pour l'hiver. Il faudra attendre le printemps pour finir le travail, faire de nouveaux trottoirs et installer des lampadaires dignes du nom. Au loin, le centre-ville et l'édifice Sun Life.

PLACE AU CAMPUS DE L'UQÀM

Rue Sainte-Catherine le 14 septembre 1962, il fait beau sur ces édifices voués à une démolition prochaine. Avec la petite rue Bernadette dont le nom évoque la chapelle Notre-Dame de Lourdes, sa voisine, ils feront place au campus de l'Université du Québec à Montréal.

TEDDY
RUE BERNADETTE
RUE Ste CATHERINE E
Drink Coca-Cola
Marché Aubry ENRG.
Buvez Coca-Cola
Coca-Cola
Marché Aubry ENRG.
ÉPICERIES Coca-Cola VIANDES
NO STOPPING TOW ZONE
FRUITS Coca-Cola LÉGUMES
IMPASSE NO EXIT
ÉPICERIES Coca-Cola GROCERIES
7up
FRUITS & LEGUMES
BEAVER

LES PREMIERS « PLEX »

Avec l'urbanisation de Montréal et l'ouverture de nouveaux quartiers dans l'entre-deux-guerres, les traits d'une architecture urbaine montréalaise se précisent, comme l'illustrent ici sur Saint-Denis ces rangées de plex mitoyens avec leurs balcons, escaliers extérieurs et parapets en médaillons, aujourd'hui consacrés par les artistes et la littérature.

LA RUE RACHEL À LA FIN DU XIXe SIÈCLE

Cet alignement résidentiel rue Rachel, avec ses escaliers extérieurs et ses tourelles et corniches ouvrées, illustre le mode de construction de la ville et ses quartiers à la fin du XIXe siècle, alors que des entrepreneurs et des artisans travaillent de concert pour réaliser des ensembles et des rangées entières.

L'EFFERVESCENCE DE LA RUE SAINTE-CATHERINE

Le 1er avril 1965, il fait beau à l'angle des rues Sainte-Catherine et Guy. Plus de 50 ans plus tard, Sainte-Catherine est en sens unique vers l'est, les bâtiments ont de nouvelles façades, mais une pharmacie est toujours au poste.

La rue Sainte-Catherine vers l'est depuis Mansfield en 1965, un paysage d'enseignes de cinéma, de restaurants et de magasins dont le format vertical présage le spectacle nocturne des néons et des ampoules clignotantes.

LOEWS
STRAND
RICHARD
BURTON
AS BECKET
IN COLOR
ATRAGON
COLORSCOPE
AIRBORNE
BOBBY DIAMOND
SHOE SHINE
MORGANS
Astor
COIFFURES
SAVE with Wawanesa

DES PETITS COMMERCES DISPARAISSENT

Rue Sainte-Catherine, en février 1972, les petits commerces s'apprêtent à disparaître pour faire place au Complexe Desjardins.

GRANDES ENSEIGNES SUR SAINT-HUBERT

En 1970, la rue Saint-Hubert entre dans la danse fantasque, voire cacophonique des grandes enseignes inventées pour les voies rapides ou le centre-ville.

^

LE QUARTIER SAINT-HENRI

La rue Saint-Jacques est un des plus anciens chemins de l'île de Montréal, d'où son tracé un peu inhabituel comme ici dans le quartier Saint-Henri, près de la rue Saint-Ferdinand et de l'ancien cœur du village, avec cette belle caserne de pompier Art déco et l'église, aujourd'hui démolie et remplacée par la polyvalente et une piscine municipale.

>

LA RUE SHERBROOKE OUEST

Tracée à une époque agricole au pied du versant sud du mont Royal, là où la pente rencontre le plat, la rue Sherbrooke s'est transformée au XIXe siècle en rue principale du square Mile, ce quartier où logeait la majeure partie des détenteurs de la richesse industrielle du Canada, qui y ont installé de grandes institutions publiques comme le Musée des beaux-arts. Rattrapé par la transformation commerciale du centre-ville, son patrimoine a été détruit puis revitalisé par des projets visionnaires comme la Maison Alcan.

RUE DE LA
MONTAGNE
411-412
AUTOBUS
24
STOP
HOTEL
388E076

RUE CARTIER
BOULEVARD DE MAISONNEUVE E.
RUE DE MONTIGNY E.

<

QUAND LA RUE DEVIENT BOULEVARD

Avec le percement du boulevard de Maisonneuve en reliant les rues Saint-Luc, Burnside et De Montigny, les cols bleus de la Ville de Montréal s'affairent à installer les nouveaux panneaux en ce début février d'une année historique, 1967 !

^

LA RUE IBERVILLE

Construit comme une amélioration pour permettre de relier divers quartiers séparés par les voies ferrées, ce carrefour de la rue Iberville et du boulevard Saint-Joseph, photographié ici en mars 1968, demande à être fréquenté avec prudence et attention.

Yellow
BEAUDOI
AXEP

<

LA TOUR DU STADE

En 1987, le chantier du Stade continue, et la tour s'inscrit dans le paysage métropolitain au point qu'on l'a reconnue 40 ans plus tard au schéma d'aménagement de l'agglomération, comme repère au même titre (ou presque) que le mont Royal.

>

LA RUE SAINT-PAUL

Le 29 octobre 1986, les ouvriers travaillent à écrire l'un des nombreux chapitres de la longue histoire – la saga – du pavage de la rue Saint-Paul.

LA « MAIN »

Le boulevard Saint-Laurent, vers le nord, en 1974, avec ses grandes enseignes peintes, forme d'archéologie commerciale, et ses innombrables lampadaires cobra, conçus pour les voies rapides et les autoroutes davantage que pour les environnements urbains.

LE SQUARE VICTORIA

Avec l'accroissement de la circulation vient le besoin de doter les rues de Montréal de signalisation pour faire respecter les règles qu'on commence à inventer. Ici une sorte de machine à l'essai au square Victoria.

LES SAISONS

Mon pays ce n'est pas un pays c'est l'hiver, chantait Gilles Vigneault en 1964. Mais Montréal, c'est surtout quatre saisons bien tranchées qui, chacune, donnent une couleur singulière à la ville.

L'été fait battre le cœur de ceux qui passent leur vie au centre-ville, profitant des festivals qui s'étiolent des premières lueurs du printemps au crépuscule de l'automne. Mais il n'en a pas toujours été ainsi. Le rythme des jours a été longtemps dicté par la religion. Les cloches des églises, des couvents et des cathédrales marquent le temps, mais elles sont surtout synonymes de moments de prière. La « ville aux 100 clochers », selon l'expression de Mark Twain en 1881, fixe le cours ordinaire des choses dans la cité.

Jusqu'au début du XXe siècle, la ville n'accapare pas toute l'île. On trouve encore, çà et là, des enclaves campagnardes où les cultivateurs se font un devoir de travailler la terre. Chaque saison porte en elle son lot d'impératifs. Le printemps, où tout semble reprendre vie, se déroule au rythme de nombreuses fêtes, notamment celle de Pâques. Puis, l'urbanisation massive de la fin du XIXe et du début du XXe siècle fait de Montréal la capitale manufacturière du Canada : sur le boulevard Saint-Laurent, la « Main », on voit s'installer de nombreuses usines de confection de vêtements.

Avec l'industrialisation, les saisons rythment-elles encore le quotidien des Montréalais ? Plus que jamais, l'automne est synonyme de la conservation des aliments : fruits, légumes, viande, poisson, tout y passe. On écrase et mélange avant d'ajouter du sucre pour les confitures, on plonge les aliments dans le vinaigre ou on les aspergea de sel. Les réfrigérateurs ne deviennent des produits de consommation courants qu'au milieu du XXe siècle, il faut se préparer pour l'hiver et faire des réserves.

Le grand calme qu'impose l'hiver sur la ville est de moins en moins accepté. Il faut laisser passer les voitures, les tramways, les autobus, les piétons et les vélos. Si pendant plusieurs années on tapait la neige pour en faire une sorte de route gelée sur laquelle on pouvait circuler en traîneau, le XXe siècle amène des progrès phénoménaux grâce à la technologie. C'est à la fin des années 1920 et durant la crise des années 1930 que la Ville achète des chasse-neige ou « charrues » motorisées. Arthur Sicard ira plus loin, il invente un engin qui modifie profondément le rapport avec l'hiver : la souffleuse. La Ville d'Outremont lui commande son premier appareil au moment où la Ville de Montréal fait l'essai de ce que l'on désigne aussi sous le nom de « charge-neige automatique ». Dorénavant, les rues peuvent mais, surtout, doivent être déneigées.

On croit Montréal toujours accessible après les chutes de neige mais une tempête, celle de 1971 qu'on désignera comme « la tempête du siècle », marquera durablement les esprits. Depuis le mois de décembre de l'année précédente, les tempêtes s'étaient succédé à un rythme impressionnant. Entre les 12 et 24 février, trois bonnes tempêtes de 30 centimètres chacune s'étaient abattues sur Montréal. La pire d'entre elles débute dans la soirée du mercredi 3 mars et laisse près de 50 centimètres en 24 heures, le tout accompagné de vents de 100 kilomètres à l'heure. La circulation automobile est rapidement perturbée. Les rues sont bloquées. Plusieurs transports et livraisons d'urgence sont effectués par motoneige. Des Montréalais sont contraints de dormir sur leurs lieux de travail. Les pannes d'électricité sont nombreuses et on dénombre 17 morts (surtout des crises cardiaques en pelletant ou en marchant).

L'hiver 1970-1971 laissera près de quatre mètres de neige, un record presque atteint en 2007-2008 et qui reviendra dans les mémoires lors de la tempête des 14 et 15 mars 2017.

Laurent Turcot et Dinu Bumbaru

LES JARDINS URBAINS

Alors que la Ville de Montréal ne démarre officiellement son programme de jardins communautaires qu'en 1975, de grands potagers fleurissent depuis des décennies dans les quartiers de la métropole encore en urbanisation, amenant cette forme d'agriculture urbaine et citoyenne à côtoyer les rues commerciales ou les arrière-cours des triplex typiques.

^

LA PLACE D'ARMES

Par une chaude journée d'été, les fontaines publiques de la place d'Armes font la joie des passants de tous âges, en complet comme en bras de chemise.

>

À CŒUR JOIE

Le 13 juillet 1976, une borne-fontaine brise sur la rue Frontenac, près de la rue Notre-Dame, une occasion parfaite pour les jeunes du quartier populaire de se rafraîchir.

VENDRE

^

DU PLAISIR POUR TOUS

Le 14 juin 1974, les balançoires et les jeux sont envahis par les jeunes et les moins jeunes.

>

LE BAIN GÉNÉREUX

Face au marché Saint-Jacques, le bain Généreux, chef-d'œuvre de l'architecte J. Omer Marchand, est pris d'assaut par les enfants du quartier en ce 8 août 1942.

LA MULTIPLICATION DES VÉLOS

Après les années 1960, la plupart des villes des pays industrialisés voient leurs rues sillonnées par un nombre grandissant de cyclistes. Les chiffres montréalais sont éloquents et vérifiables par les plaques d'enregistrement qui sont encore obligatoires. De 20 000 cycles en 1969, on passe à plus de 37 000 en 1972. Dès 1967, la Fédération cyclotouriste provinciale, qui devient la Fédération québécoise de cyclotourisme en 1973 puis Vélo Québec en 1979, fait de la bicyclette un moyen permettant d'assurer un meilleur environnement, une meilleure santé et le bien-être de l'ensemble des citoyens, contre l'omniprésence de l'automobile.

DES DEUX
esh up
7up

<

LES RUELLES ET TERRAINS DE JEU

C'est au cours de la seconde moitié du XIXe siècle que les ruelles de Montréal se dessinent un peu partout, des quartiers huppés comme le Square Mile au Plateau Mont-Royal. Utilisées pendant un temps par les vendeurs ambulants, comme les affûteurs de couteaux, elles accueillent également les livraisons de mazout, mais ce qui marque durablement le lieu, c'est qu'il devient un terrain de jeu pour les enfants du baby-boom qui a suivi la Deuxième Guerre mondiale. Ici, le 5 juillet 1967, le jeu de ballon va même jusqu'à coloniser la rue, sur laquelle on trace les limites

^

LA PISCINE DE L'ÎLE SAINTE-HÉLÈNE

C'est dans les années 1940 que l'on se lance dans la construction d'un vaste aménagement pour l'île Sainte-Hélène, avec notamment une piscine. Le coût d'entrée est fixé à 35 cents pour les adultes et à 20 cents pour les enfants. Le 25 juin 1953, le maire Camillien Houde inaugure le centre municipal de natation et promet d'autres réalisations dans les différents parcs de la Ville. En ce 20 juillet 1974, la piscine fait le plein d'estivants venu profiter des charmes de la baignade.

NOËL EN JUILLET

Tous n'ont pas la chance de s'éloigner d'une ville surchauffée en plein été. Pour se distraire, on organise différents jeux, comme ici, le 24 juillet 1972, à l'occasion d'un Noël en juillet dans le quartier Rosemont au cours duquel on organise une bataille de boules de neige.

HERB'S
SUPREME
Coca-Cola
TRUSSES
KODAKS
DRUGS
Coca-Cola
Coca-Cola
TAVERN

DE « VRAIES » TEMPÊTES

^

En ce 24 janvier 1966, après une tempête de 13 pouces de neige, les employés de bureau des tours du centre-ville affrontent les grands vents qui balaient le square Dominion, aujourd'hui Dorchester.

<

Au matin du 21 décembre 1951, après une tempête qui força à l'arrêt les tramways et la plupart des véhicules, de valeureux cols blancs se rendent à pied au Vieux-Montréal par le boulevard Saint-Laurent.

^

LE TRIPORTEUR MÊME EN HIVER

Dans les années 1970, il n'était pas inhabituel qu'en mars le traîneau rencontre le triporteur.

>

AVANT LES SOUFFLEUSES

Ce n'est que dans les années 1960 que Montréal décide de déneiger complètement ses rues. Avant le grand ballet de souffleuses, camions et autres machines qu'on connaît aujourd'hui après les tempêtes, la neige était tassée et, en fin de saison comme ici près du Faubourg à m'lasse en 1939, enlevée à la pelle par des équipes d'ouvriers engagés par la Ville avec l'autorisation spéciale du gouvernement provincial pour la dépense de 50 000 $ (!).

74
W-202
QUEBEC 39

POLICE
CITÉ DE
CITY OF
SAINT-LAURENT

<

L'HIVER EN 1966…

À Saint-Laurent, près de l'ancienne église écossaise que les pères de Sainte-Croix avaient transportée depuis le centre-ville pour la rattacher à leur collège, les policiers prennent la pleine mesure de la tempête du 24 janvier 1966 et de ses 13 pouces de neige.

^

… ET EN 1946

Vingt ans plus tôt, le 20 février 1946, un homme tente de dégager une voiture enlisée dans la neige sur le boulevard Saint-Laurent.

^

APRÈS LA TEMPÊTE, LA GADOUE

Rue Saint-André, près de la rue Cherrier, le 10 janvier 1959, la neige se transforme en gadoue en attendant le printemps encore lointain.

LA « TEMPÊTE DU SIÈCLE » DE 1971

^

Dans la foulée de la tempête du 4 mars 1971, tous les moyens sont bons pour se frayer un chemin et se déplacer dans les rues de Montréal.

>

À l'angle des rues Sainte-Catherine et Peel, après la tempête du siècle, les calèches touristiques sont appelées en renfort pour accroître l'offre en transports !

LOANS
BENEFICIAL
FINANCE SYSTEM
PRÊTS
Coca-Cola
Coca-Cola
PHARMACIE BERKES
Laura Secord

^

COMME UN VILLAGE D'ANTAN…

Quatre jours après la tempête du siècle de 1971, la rue Drolet prend des airs de villages d'antan avec ses sentiers tracés par les gens en guise de trottoirs.

>

MÊME LES CHENILLETTES S'INCLINENT

Devant la tempête du siècle, même les chenillettes Bombardier de la Ville de Montréal, ici sur le boulevard Saint-Laurent dans le Quartier chinois, doivent s'incliner en attendant les renforts.

MAGASIN
DAN
Hats
RESTAURANT
LODEO

À VOTRE SERVICE

Depuis des millénaires, la ville est l'habitat des sociétés humaines. À ce titre, elle est construite et administrée pour pourvoir aux besoins de ses habitants, parmi lesquels la question de l'eau - son approvisionnement et son évacuation - et de la sécurité interne sont des constantes depuis des siècles, sinon des millénaires. Car la ville est une très ancienne invention humaine qui ne cesse d'évoluer et de se réinventer.

C'est ainsi que les travaux des archéologues sur le site de Mohenjo Daro, au Pakistan, ont révélé le degré d'organisation civile et les compétences technologiques de sociétés urbaines d'il y a 5 000 ans. Cette cité antique de la civilisation de l'Indus comportait des bains publics et un ingénieux système d'égouts, 2 500 ans avant Rome !

Montréal a aussi son histoire des services publics et des infrastructures qui y sont associées, que les historiens et archéologues ont permis de mieux comprendre et de mettre en valeur par le patrimoine qu'elle a laissé. Dans le Vieux-Montréal, à Pointe-à-Callière par exemple, les fouilles et les travaux de conservation ont mis à jour d'anciennes canalisations. Certains égouts sont modestes et offrent des indices pour comprendre. D'autres tel le spectaculaire égout voûté en pierre qui court sous la place d'Youville, chef d'œuvre de génie civil réalisé en 1832, sont remarquables et font même l'objet d'un projet de mise en valeur patrimoniale pour en permettre la visite.

Avec l'urbanisation, la croissance démographique et industrielle ainsi que le développement des connaissances médicales et des préoccupations hygiéniques, notamment en lien avec les épidémies dont Montréal, sera victime à plusieurs reprises au XIXe siècle, la question de l'eau prend une grande importance. Même si l'on dénombre des dizaines de puits artésiens dans les quartiers centraux de Montréal à l'aube de la

Première Guerre mondiale, l'eau qu'on en tire est plus utilisée à des fins industrielles alors que l'aqueduc municipal, qui avait pris le relais de compagnies privées aux moyens limités, sert la population depuis les années 1840 en développant le réseau de distribution et le contrôle sanitaire de l'eau.

Ici comme dans d'autres métropoles de l'ère moderne, l'aqueduc comme les égouts et, de plus en plus au XIXe siècle, les réseaux de services publics que sont le gaz pour l'éclairage des rues puis l'électricité vont s'installer dans le sol. C'est le début d'une histoire qui se poursuit, celle des excavations constantes de nos rues pour des travaux de réparations ou d'améliorations devenus de plus en plus nécessaires après des années de procrastination. Si ces services publics sont largement invisibles dans le paysage urbain, leur présence a soutenu voire provoqué l'émergence de nouveaux quartiers et même la création de nouveaux parcs, par exemple sur les sites d'anciens réservoirs municipaux.

Le développement des transports publics tout comme ceux des services de la police et des incendies sont d'autres incontournables de la transformation de Montréal au XIXe siècle alors qu'elle devient le principal port et la métropole du Canada. Si les gouverneurs se sont généralement occupés, dès les débuts, de la protection externe de la ville, le maintien du bon ordre et de la sécurité contre le vol ou les incendies a longtemps été laissé aux marchands et aux notables qui avaient formé des corps de milice ou de volontaires. Dans les années 1860, ces corps sont municipalisés, professionnalisés et armés par la Ville de Montréal. Cette décennie a aussi vu les débuts du transport public en ville avec l'arrivée, en 1861, des premiers tramways hippomobiles d'une compagnie privée présidée par l'architecte et arpenteur John Ostell qui présidait aussi la New City Gas Company, l'une des sociétés à l'origine de la Montreal Light Heat and Power dont la nationalisation est à l'origine d'Hydro Québec.

Dans les rues de Montréal, ces développements se sont manifestés par l'apparition de générations de lampadaires, de boîtes d'alarmes, de bornes-fontaines, d'autobus et de tramways mais aussi de véhicules de police et d'agents de la circulation. À leur façon, ces services ont formé et transformé la ville, son centre comme ses quartiers.

Dinu Bumbaru et Laurent Turcot

LES PREMIERS TRANSPORTS PUBLICS

À l'hiver 1890, le transport en commun est assuré par la City Passenger Railway avec le sourire d'un contrôleur chaudement habillé de son manteau de poil et un équipement qui tient davantage de

^
CONDUCTEUR ET CHAUFFEUR !

Quand le conducteur du tramway se transforme en chauffeur, les passagers transis apprécient !

>
AVANT L'URBANISATION

Muni d'un filet de sécurité pour contrer le caractère téméraire de certains passagers, le tramway roule à travers des parties de l'île qui ne connaissent pas encore l'urbanisation des années 1920 et 1930 ; ici peut-être entre Outremont et Ville Mont-Royal.

MOUNTAIN BELT LINE
1011
1011

NOTRE DAME DE GRACE
S-CATHERINE
9
3
2222

DERNIERS TOURS DE VILLE EN TRAMWAY

Le 31 août 1959, les tramways de Montréal font un dernier tour des quartiers de la métropole à la grande joie de la population qui s'amasse en foule pour voir ce défilé d'un des grands monuments du quotidien montréalais.

L'ADIEU AUX TRAMWAYS

En août 1963, c'est empilés au port de Montréal qu'on peut trouver les tramways qui sillonnaient les rues et reliaient les quartiers jusqu'en 1959.

NOTRE DAM
HARBOUR
3512
3516
DANGER
3514
COTE DES NEIGES
VERDUN
ONTARIO
DELORIMI
3505
DANGER

L'AUTOBUS 80

Après la tempête du 24 janvier 1966, l'autobus 80 accroît son service sur l'avenue du Parc, ici à l'angle de l'avenue Bernard face au défunt quincaillier Pascal.

80 Av. du Parc
3809
A 2106

POLICE

<

TÉLÉGRAPHES D'ALARME

À côté du fourgon de la police, l'un des nombreux télégraphes d'alarme installés par la Ville de Montréal dans les quartiers et reliés à la centrale d'alarme au pied du mont Royal.

>

NOUVEL ÉQUIPEMENT

En 1912, les employés municipaux exhibent fièrement leur nouvel équipement automobile devant un auditoire essentiellement masculin, perché sur les marches du Champ-de-Mars, au pied de l'hôtel de ville et du palais de justice.

↲

DRING ! DRING !

En 1927, à l'angle des rues Craig, aujourd'hui Saint-Antoine, et de la place d'Armes, un policier de Montréal répond à un appel.

DES POLICIERS EN SKI…

Alors que la population montréalaise augmente, la fréquentation des grands parcs, et tout particulièrement de celui du mont Royal, croît avec le besoin de former des équipes de secours comme cette patrouille

... ET EN MOTO

En 1979, au poste de la rue de l'Inspecteur, les policiers sortent leurs motos du garage.

CHACUN SON TOUR !

À la place d'Armes, en octobre 1947, la cavalerie de police rencontre le tramway de la rue Notre-Dame.

^
NOUVEAUX AUTOBUS MODERNES…

En avril 1938, la compagnie des tramways exhibe fièrement ses nouveaux autobus aux formes modernes qui évoquent le design aérodynamique des trains et des paquebots de cette époque Art déco.

>
… ET NOUVELLES AUTO-PATROUILLE

En avril 1938, les nouvelles auto-patrouilles de la police de Montréal sortent et brillent de leur chrome au soleil du printemps, parmi les équipements de déneigement.

RADIO
POLICE
MONTREAL
21

2
18

<

PARIS À MONTRÉAL

À l'occasion de l'exposition franco-canadienne de 1963 au Palais du commerce, un gendarme en uniforme offre une démonstration de l'art parisien de diriger la circulation, en plein boulevard entre Place Ville-Marie et l'hôtel Reine Elizabeth.

>

ACHALANDAGE ACCRU SUR DORCHESTER

Dans son segment au centre-ville, la rue Dorchester, aujourd'hui boulevard René-Lévesque, est élargie en 1943 et accueille un flux croissant de voitures et autres véhicules qu'il faut contrôler. Ici, le 12 juillet 1956, un agent gère la circulation sur son poste temporaire installé à l'angle de la rue Saint-Georges, aujourd'hui la rue Jeanne-Mance, avec, en arrière-plan, le chantier de l'hôtel Reine Elizabeth et le tramway 80 qui remonte la rue De Bleury.

^

L'ÉCLAIRAGE URBAIN

À Montréal, l'éclairage urbain commence en 1815 alors que les commerçants de l'ouest de la rue Saint-Paul défrayent l'installation de lampadaires à l'huile pour sécuriser leur environnement. Après avoir été l'objet, au long du XIXe siècle, d'une grande concurrence entre le gaz et l'électricité, qui gagnera, la Ville de Montréal s'en charge et, depuis, nous a habitués à voir les lampadaires remplacés de temps à autre.

>

NETTOYAGE DES RUES

Dans les années 1950, le vieux camion-citerne de la Ville de Montréal arrose la chaussée sur Dorchester, aujourd'hui René-Lévesque, qui n'a pas encore perdu l'enfilade de maisons victoriennes de son côté nord.

G 6641

DANGER

LES POMPIERS AU PARC LA FONTAINE

Le 5 octobre 1943, en pleine guerre, les pompiers auxiliaires font une démonstration spectaculaire de leurs engins aux étangs du parc La Fontaine.

CASERNE CENTRALE DE POMPIERS
CENTRAL FIRE STATIO

<

LE FUTUR CENTRE D'HISTOIRE DE MONTRÉAL

Construite en 1903, l'ancienne caserne centrale de pompiers de la place d'Youville, photographiée en avril 1972 (à gauche), allait faire l'objet d'un des premiers projets de l'entente signée en 1979 entre le gouvernement du Québec et la Ville de Montréal pour la mise en valeur du patrimoine, et devenir le Centre d'histoire de Montréal.

^

UNE POMPE TOUTE NEUVE

Le nec plus ultra des pompiers dans les années 1920 : une pompe toute neuve, rutilante et tirée par les chevaux fait la fierté du service des incendies.

PLAISIRS ET DIVERTISSEMENTS

À côté du Montréal au quotidien, celui sur lequel se cristallise la trinité du métro-boulot-dodo, naissent des espaces de détente, de divertissement et de culture. Avec l'augmentation des jours de congé, constituant peu à peu la fin de semaine chérie par les journaliers permettant de profiter de l'air frais des parcs et de l'eau, se mettent en place nombre d'établissements pour développer un peu mieux le corps et l'esprit des Montréalais.

Élément d'importance dans la culture québécoise, le théâtre s'implante durablement dans le paysage de la métropole : du vaudeville au burlesque en passant par le mélodrame, le goût du public se raffine. Avec le Monument-National, boulevard Saint-Laurent, la Société Saint-Jean-Baptiste inaugure un établissement qui, espère-t-elle, célébrera la gloire de la « nation » canadienne d'expression française d'Amérique. Il incarnera bientôt la riche diversité montréalaise, accueillant tant de l'opéra chinois que du théâtre yiddish. Toutefois, ce sont les artistes que sont Ti-Zoune (Olivier Guimond père), Arthur et Juliette Pétrie, Juliette Béliveau, Olivier Guimond fils et La Poune qui marqueront durablement le lieu en présentant à la salle Starland, au rez-de-chaussée du Monument-National, des divertissements populaires qui attirent les foules.

Le théâtre s'organise encore davantage avec la troupe des Compagnons de Saint-Laurent, fondée par le père Émile Legault, dont seront issus deux grands artistes, Jean-Louis Roux et Jean Gascon qui fondent le Théâtre du Nouveau Monde. Le fameux 84, rue Sainte-Catherine, accueillera tour à tour le Gayety, le Radio City et la Comédie-Canadienne avant de voir s'établir durablement le TNM. S'ajouteront le théâtre St-Denis (1916) et celui du Rideau Vert (1948) qui feront de la rue Saint-Denis une artère qui entend elle aussi donner une voix aux créations théâtrales. Yvette Brind'Amour et Mercedes Palomino sauront permettre à l'établissement de s'inscrire dans la durée.

Puis, c'est le cinéma qui attire de plus en plus les foules. Présent à Montréal dès 1896, il suscitera un intérêt qui ne fera que gagner en popularité au cours du XXe siècle. Après Léo-Ernest Ouimet, ancien éclairagiste au Monument-National qui fonde son fameux Ouimetoscope en 1906 à l'angle des rues Sainte-Catherine et Montcalm, arrivent d'autres « scopes » : Rochonoscope, Bourgetoscope, Bennetoscope, Vitoscope ou Readoscope. Du centre-ville, le cinéma suit l'expansion démographique vers le nord, l'ouest et l'est de l'île ; les rues Saint-Denis, Sainte-Catherine, Papineau et Jean-Talon accueillent les salles les plus importantes. Au moment de la plus grande fréquentation cinématographique, en 1952, année de l'arrivée de la télévision, Montréal comptait 72 salles et le tiers d'entre elles comptaient plus de 1 000 sièges – cinq en offraient plus de 2 000.

La grande vogue des divertissements montréalais se diversifie encore davantage. Au XIXe siècle, plusieurs ont plaidé pour la mise en place d'une végétation urbaine. À la suite de l'établissement du parc du Mont-Royal, en mai 1876, on milite de plus en plus pour la création d'espaces verts dans les quartiers populaires. À cette époque, la notion d'hygiène publique, conçue comme une doctrine médicale, devient un fil directeur de l'urbanisme et une préoccupation déterminante des municipalités : il faut paver, drainer, ventiler, désentasser et désinfecter. En 1874, le parc Logan (qui sera renommé La Fontaine en 1901) est créé pour répondre à cet idéal.

Le projet le plus ambitieux dans ce domaine reste cependant celui que lance l'ex-municipalité de Maisonneuve, où l'on veut un grand parc qui offrirait une vaste gamme d'activités récréatives et culturelles comprenant une piste de course, des amphithéâtres sportifs, un musée des beaux-arts, une bibliothèque, un jardin botanique, un aquarium, un jardin zoologique en plus d'hôtels et de cafés. Ce sont le parc Dominion, le parc Belmont, puis La Ronde qui offriront ce genre de plaisirs incessants dans un environnement contrôlé et policé.

La notion de plaisir, de détente et de ressourcement s'inscrit de plus en plus au cœur des préoccupations des Montréalais : la ville devient un terrain de jeu, se transformant pour offrir des conditions de loisirs accessibles à tous. Les ruelles, autrefois utilisées comme lieux d'approvisionnement et de desserte des immeubles, deviennent des espaces de jeu : aujourd'hui converties en ruelles blanches l'hiver et vertes l'été, elles symbolisent les formes d'appropriation de l'espace public à des fins récréatives.

Laurent Turcot et Dinu Bumbaru

^
UNE PATINOIRE RÉFRIGÉRÉE

À Ahuntsic au début du XXe siècle, cette patinoire en construction d'un club de loisirs se donne un petit air d'architecture avec cette évocation d'un pignon de la renaissance flamande. À l'époque, les patinoires sont réfrigérées naturellement en laissant entrer le froid de l'hiver. Municipalité indépendante entre 1897 et 1910, le village d'Ahuntsic se développe avec l'arrivée du tramway Millen à la fin du XIXe siècle.

>
LA PATINOIRE DU CARRÉ DOMINION

Aménagé sur le site de l'ancien cimetière catholique Saint-Antoine, le square Dominion – aujourd'hui Place du Canada et square Dorchester – compte de nombreux monuments commémoratifs. Depuis le XIXe siècle et les extraordinaires châteaux de glace qu'on y construisait à l'occasion des festivals d'hiver, il accueille des activités de loisirs pour les Montréalais et les touristes qui viennent en grand nombre s'y amuser comme ici, le 17 janvier 1956, sur la patinoire.

RESTAURANT

LE SAINT-DENIS, LA PLUS GRANDE SALLE AU CANADA

Inauguré en mars 1916, le théâtre Saint-Denis constitue à l'époque la plus grande salle au Canada avec ses 2 200 places. En plus du théâtre et des concerts, on y propose du cinéma ainsi que de l'opérette. À partir des années 1920, comme ici vers 1925, les plus grands viennent y présenter leurs œuvres, dont Maurice Ravel, l'orchestre de la Scala de Milan et celui de Boston, avec Vincent d'Indy comme soliste, ou encore Pablo Casals. En 1933, Joseph-Alexandre DeSève en devient directeur et entreprend de nombreux travaux d'aménagement.

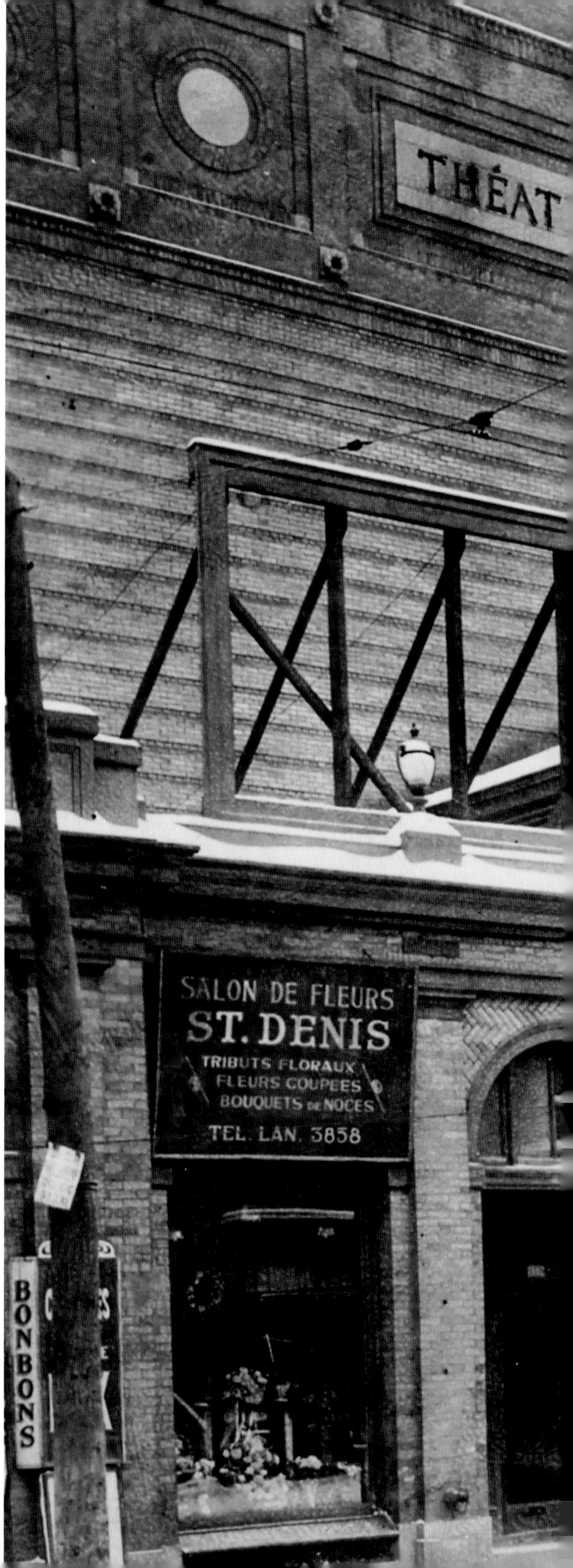

ST. DENIS
THEATRE
ST. DENIS
MARCHAND
TAILLEUR
LE COLLIER
MYSTERIEUX
DRAME
GRAND GUIGNOL
LE
COLLIER
MYSTERIEUX

^

LE THÉÂTRE MONKLAND

En ce 10 mars 1930, quelques jours à peine après son inauguration, le théâtre Monkland attire la foule et met en vedette les nouvelles technologies de l'heure. Construit par la compagnie United Amusement à qui l'on doit le remarquable Rialto, avenue du Parc, le Monkland est un de ces « palaces » qui se multiplient dans les nouveaux quartiers de la métropole après la Première Guerre mondiale. Leur architecture, en particulier les décors intérieurs dits atmosphériques dont celui du Monkland réalisé par Emmanuel Briffa sera un champion, amplifie la magie du cinéma.

>

LE CINÉMA ÉLECTRA

Photographié dans les années 1930, le cinéma Electra est installé au 1114, rue Sainte-Catherine Est, près du célèbre Ouimetoscope. Ouvert en 1913, l'Electra participe de la vague des premières salles de projection qui atteint Montréal au début du XXe siècle et se concentre dans les quartiers centraux. Avant de développer une forme d'architecture propre à ces cinémas qui les rende identifiables dans le paysage urbain, on les aménage dans des bâtiments comme celui-ci, typique des rues commerciales, auxquels on ajoute des enseignes parfois exubérantes.

DENIS ADVERTISING SIGNS LTD
THE OLD
FOR SALE EVERY
WORLD IN MOTION
CITY HOUSE
FURNISHING CO.
THE HOMEBUILDERS of MONTREAL
EMITRE
5¢
MAGASIN DE CAMPAGNE
TO-DAY
25
STATUES

<

LE CINÉMA AVON

Le 14 octobre 1946, l'enseigne Streamline Moderne du cinéma Avon scintille au soleil.

⌞

LE CINÉMA BEAUBIEN

Conçu dans un esprit Streamline Moderne par l'architecte Maxwell M. Kalman, le Beaubien a été inauguré en décembre 1937. Destiné à l'origine à une clientèle de quartier, il est aujourd'hui le lieu vivant d'un projet culturel d'économie sociale et participe à la revitalisation du paysage urbain de cette partie du quartier Rosemont-La Petite-Patrie.

>

LE THÉÂTRE DU RIDEAU VERT

En 1963, le théâtre du Rideau Vert, qui fête ses 15 ans, affiche sa permanence. Fondé en 1948, il a joué dans diverses salles avant de s'installer en 1960 dans l'ancien théâtre Stella, rue Saint-Denis, où il demeure.

LE RIDEAU VERT
Le seul théâtre permanent au Canada
DIRECTION YVETTE BRIND'AMOUR
L'aigle à deux têtes
de Jean Cocteau
DE L'ACADEMIE FRANÇAISE
YVETTE BRIND'AMOUR
ALBERT MILLAIRE-ANDRE VALMY
DENISE PROVOST-LOUIS AUBERT
FLORENT FORGET
ROBERT PREVOST

>
LE THÉATRE OPÉRASCOPE

Le 25 mars 1988, au hasard d'un incendie suivi d'une démolition qui dégage un ancien mur mitoyen sur la rue Masson, on découvre l'ancienne affiche peinte du théâtre Opérascope, la première salle de cette rue commerciale de Rosemont, inauguré en 1918.

^
LA SALLE PAROISSIALE DE SAINT-STANISLAS

Construite dans les années 1930 dans une architecture Art déco, l'ancienne salle paroissiale de Saint-Stanislas, rue Laurier sur le Plateau, près de l'école du même nom et d'un magasin 5-10-15, est en vente en ce 8 juin 1983. Après avoir accueilli des activités civiques et communautaires pendant des décennies, elle a été transformée en édifice commercial qui conserve quelques petits indices de l'architecture originale.

RE OPERASCO
TOUS LES JOURS
1 hre Soirs 7 hre
15¢ Adulte 25¢ Taxe Comprise
Nouvelle
POUR DES PRIX AVANTAGEUX

CANASTA
CAFE
floor SHOWS dancing
SPECTACLES sur scène danse
from de 8 P.M. till closing à fermeture
LE CAFE CANASTA PRÉSENTE
La Vedette
ZIZI VAL D'OR
Et Sa Troupe
"ROSE TULIPPE TRAVESTIE"
SPECTACLES
LUN. À JEU.
VEN.-SAM
SHOW SPECTACLE
1230

<

LE CAFÉ CANASTA

Photographié ici le 20 août 1962 à l'occasion d'un fait divers – une explosion dans une salle de toilette qui blessa un ingénieur américain –, le Café Canasta, aujourd'hui, le Café Cléopâtre, est l'un des plus anciens vestiges de cette activité de spectacles d'effeuilleuses de tous genres, qui a fait la légende du boulevard Saint-Laurent, près de la rue Sainte-Catherine. Construit en 1895, le bâtiment loge des bars et des boîtes de nuit depuis plus d'un siècle.

^

LE CINÉMA LIDO

À Laval, le 3 février 1969, une enseigne qui en dit long sur la transformation des salles de cinéma des années 1930 et 1940 avec l'avènement de la télévision.

L'HIPPODROME BLUE BONNETS

Relogé à plusieurs reprises, Blue Bonnets tiendrait son nom d'un ancien hameau du secteur de Ville Saint-Pierre où l'on tenait des courses très populaires dès le début du XIXe siècle. Son installation sur le site actuel remonte au début des années 1900 alors que Montréal comptait de nombreux hippodromes privés qui attiraient les foules, les propriétaires de chevaux d'élite et, bien entendu, les parieurs. La vue des années 1930 montre l'élégance de cet hippodrome avec le chalet du club et ses belles clôtures en bois d'un blanc impeccable. Le 30 avril 1974, une course nocturne illustre la popularité de ce divertissement. Aujourd'hui, le site est désaffecté et sa taille permet d'envisager d'y créer un nouveau quartier.

LE PARC BELMONT

Le parc Belmont, ici dans les années 1930, ouvre ses portes au printemps 1923 à Cartierville, au nord-ouest de Montréal. À l'époque, les tramways de Cartierville et le train du Canadien National aboutissent à quelques enjambées seulement du parc. Hormis le cyclone et le carrousel, le parc Belmont compte au moins huit autres manèges au cours de la saison 1929. On trouve d'abord les aéroplanes, de gigantesques balançoires mécaniques qui permettent de voir les hommes de haut en bas. Finalement, après 60 ans de vie glorieuse, le parc Belmont ferme ses portes le 6 septembre 1983. Entre 1923 et 1983, 25 millions de personnes ont envahi chaque coin de ce parc devenu une légende.

PARKING INSIDE

LE PARC DOMINION

Le 2 juin 1906, le parc Dominion ouvre ses portes entre le fleuve Saint-Laurent et la rue Notre-Dame (près de l'avenue Haig). Plus de 10 000 personnes viennent à l'ouverture, le lendemain, 30 000. C'est un succès qui se confirme dans ce qui est considéré comme l'âge d'or des parcs d'attractions. Le parc ferme ses portes en 1937, la crise économique des années 1930 frappant lourdement l'industrie des loisirs.

LE PARC MAISONNEUVE

Les glissoires municipales comme celle-ci au parc Maisonneuve, le 11 janvier 1954, apparaissent dans différents quartiers de Montréal. On en trouve dans le Vieux-Montréal, place Jacques-Cartier, ou encore sur le mont Royal, où on les installe en hiver sur le toit du chalet du club de théâtre pour prolonger la pente du lac aux Castors !

^

LE PARC LA FONTAINE

Le parc La Fontaine, avec l'île Sainte-Hélène inaugurée comme lui en 1874, et le parc du Mont-Royal inauguré en 1876, est l'un des trois premiers grands espaces verts de promenade et d'agrément de la métropole industrielle qu'est devenue Montréal au XIXe siècle. Aménagé sur une partie de l'ancienne ferme Logan utilisée comme terrain d'exercice militaire, il a une topographie originale qui amène la création de deux lacs où la pratique du canotage du dimanche devient vite populaire et donne lieu à des rassemblements impressionnants comme ici, le 5 juillet 1932.

>

LE JARDIN DES MERVEILLES

Au cœur du parc La Fontaine, le Jardin des Merveilles était un jardin zoologique pour enfants situé au coin des rues Rachel et Calixa-Lavallée, côté ouest. Inauguré le 15 août 1957, le jardin s'étend sur trois kilomètres carrés et compte 250 petits animaux répartis en 40 modules. Après le faste des années 1960, comme ici le 27 décembre 1966, il ferme définitivement en 1988, les animaux sont vendus à des institutions zoologiques à travers le monde et l'éléphant se retrouve au zoo de Granby.

^

L'ÉQUILIBRISTE GÉRARD BLOCK

Le 2 mai 1969, l'équilibriste funambule Gérard Block traverse la rue Sainte-Catherine entre les rues Drummond et de la Montagne. L'histoire ne dit pas s'il a eu une amende pour ne pas avoir emprunté le passage piéton...

>

LA RONDE

Achevée en 1967 pour l'Expo, La Ronde va ravir bien des enfants pendant plusieurs décennies. Elle a attiré 22,5 millions de visiteurs pendant l'Expo. En ce 11 novembre 1966, on s'affaire encore aux derniers préparatifs avant l'ouverture officielle, l'année suivante.

<

Ouvert au public le 24 mai 1876, le parc du Mont-Royal est l'œuvre du grand architecte paysagiste Frederick Law Olmsted, qui avait conçu Central Park à New York en 1858. Le Belvédère du parc du Mont-Royal est l'endroit de prédilection pour l'élite bourgeoise, au début du XXe siècle, pour voir et pour être vue. Avec le temps, touristes et gens du peuple s'y rassemblent pour admirer la ville. Plus tard, le tramway et la voiture pourront y avoir accès. En ce 8 avril 1974, on voit le Chalet au sommet, inauguré en 1932, mais aussi, au premier plan, le complexe Gleneagles, l'Hôpital général et, de l'autre côté, toute la ville qui s'étend du Plateau Mont-Royal, avec le parc La Fontaine, jusqu'au quartier Ahuntsic.

^

Inauguré en 1938, le bassin artificiel du lac aux Castors renforce la dimension sportive de la montagne, comme ici, le 25 février 2005, où, par une froide journée d'hiver, les patineurs n'hésitent pas à profiter de la vue sur l'oratoire Saint-Joseph.

LE SPORT

On ne saurait imaginer Montréal sans le sport, axe déterminant autour duquel la ville se transformera. Encore aujourd'hui, l'actualité sportive occupe une grande place dans les médias, mais le XXe siècle sera témoin de nombreux changements dans la physionomie montréalaise qui, peu à peu, donneront une couleur à la ville. On favorise et on encourage la construction d'immenses réservoirs de foules venues acclamer ses héros. Les spectateurs sont avides d'émotions fortes, l'ambiance est électrisante : on chante, on crie, on manifeste, on pleure ! La première moitié du siècle connaît une très grande diversité de sports, du baseball aux courses cyclistes en passant par les démonstrations de groupes de gymnastes. Mais, bientôt, le hockey attire les regards.

On noircit les pages de *La Presse* pour raconter les affrontements entre les différents clubs qui voient le jour à la fin du XIXe siècle : le club Victoria, le Montreal Amateur Athletic Association (MAAA), les Shamrocks. Bientôt arrivent les Wanderers (1903) avant enfin le « Club Athlétique Canadien de Montréal », mieux connu sous le nom de Canadiens de Montréal, fondé en 1909 par John Ambrose O'Brien, le fils d'un riche industriel ontarien.

L'idée de ce dernier est simple : exploiter commercialement la rivalité entre les deux principales communautés linguistiques de Montréal. Les Maroons, arrivés en 1924, complèteront la liste, mais peu à peu les Canadiens représenteront seuls Montréal dans la Ligue nationale de hockey, fondée en 1917, et gagneront 22 de leurs 24 coupes Stanley au Forum entre 1924 et 1996.

Après la Deuxième Guerre mondiale, Montréal entend bien moderniser ses infrastructures sportives, et ce n'est plus aux professionnels que l'on pense, mais bien à tous ces milliers d'amateurs qui, l'hiver venu, chaussent leurs patins pour se divertir et simuler les exploits de leurs héros : Toe Blake, Elmer Lach, Maurice Richard, Bernard Geoffrion, Jean Béliveau, Doug Harvey, Dickie Moore et tellement d'autres encore. Au milieu des années 1960, Montréal compte plus de 230 patinoires réparties dans l'ensemble de ses parcs, dont une centaine qui servent exclusivement au hockey. C'est à partir de cette époque que la Ville se dote des premiers arénas : Père-Marquette (Rosemont), Saint-Charles (Pointe-Saint-Charles), Centre sportif Jean-Rougeau (Villeray) et Maurice-Richard.

Arrive ensuite la promesse des Jeux olympiques. Montréal voit grand et est choisie au printemps 1970 pour accueillir les Jeux d'été de 1976. On confie la réalisation du grand stade à l'architecte français Roger Taillibert. On veut un bâtiment qui puisse marquer durablement le paysage de Montréal. Les travaux de construction du stade débutent au printemps 1973. Près de 10 000 travailleurs s'y affairent, mais les retards s'accumulent, les problèmes sont multiples – grèves, détournements, collusion. Cela n'empêche pas le stade d'accueillir plus de 70 000 spectateurs lors de la cérémonie d'ouverture des Jeux : c'est une réussite. Les Montréalais vont cependant payer longtemps – plus de 30 ans – les dépassements de coûts des Jeux.

Il n'empêche que la volonté de rendre Montréal digne de l'intérêt qu'elle porte aux sports sera systématiquement relayée dans les pages des journaux. Les quelques photos choisies ici parmi des milliers montrent des chefs-d'œuvre de bois, de pierre, de ciment et de brique, mais aussi ces moments forts comme les funérailles de Howie Morenz – décédé deux mois après avoir subi un grave accident sur la glace du Forum et dont le chandail numéro 7 sera le premier à être retiré et hissé au Forum – ou encore la conquête d'une coupe Stanley suivie de ce qui sera bientôt une tradition : le défilé dans les rues de la ville.

Laurent Turcot et Dinu Bumbaru

LE FORUM DE MONTRÉAL

^
v

Construit en 1924 en face du square Western pour les Maroons, le Forum de Montréal (ici en 1933) sera le théâtre des premières confrontations entre équipes montréalaises. Puis, en 1926, les Canadiens de Montréal vont y élire domicile jusqu'en 1996. Ils partageront l'édifice avec les Maroons jusqu'à la fin de la saison 1938, la dernière de l'histoire de ceux-ci.

>

Le Forum, susceptible d'accueillir plus de 9 000 spectateurs, peine à contenir une foule de plus en plus nombreuse. En 1949, les premiers travaux de rénovation permettent de moderniser l'aréna (et d'augmenter sa capacité à plus de 13 500 sièges) et le bâtiment que l'on voit sur la photo au début des années 1950 (ici à droite).

HE ROYAL BANK OF CANADA
FORUM
FORUM FLORIST
UNITED CIGAR STORES
TUES 24 SEPT
BLACK WATCH
FORUM

LES FUNÉRAILLES DE HOWIE MORENZ

Howie Morenz est une des grandes vedettes des Canadiens de Montréal dans les années 1930. Deux mois après avoir subi un grave accident sur la glace, il meurt en mars 1937. À Montréal, c'est la commotion. Sa dépouille sera installée au centre de la glace. Plus de 50 000 personnes défileront au Forum pour lui rendre hommage, comme ici le 11 mars 1937. À l'automne, son chandail numéro 7 sera le premier de l'équipe à être retiré et hissé au Forum.

MAR 11
TORONTO
MAROONS
SAT MAR 13
RANGERS
CANADIENS

FORUM
POLICE
POLICE
POLICE
POLICE
POLICE

LA NOUVELLE FAÇADE DU FORUM DE MONTRÉAL

Les travaux de 1968 donnent une nouvelle façade à l'édifice dont les flancs illuminés sont vite associés dans l'esprit populaire au croisement de bâtons de hockey lors des mises au jeu. En ce 2 novembre 1968, les Canadiens jouent leur premier match de la saison à domicile contre les Red Wings de Detroit qu'ils battront par le score de 2-1, prélude à une saison couronnée par la coupe Stanley, la 16e de l'organisation. Afin d'augmenter la capacité de l'aréna à plus de 18 000 sièges et d'éliminer les colonnes qui encombrent la vue des spectateurs, le Forum est le théâtre d'un immense chantier de génie civil entre deux saisons de hockey.

LES COURSES DE VÉLO DE SIX JOURS

Inventées à la fin du XIXe siècle, les courses dites « de six jours » consistaient à avoir un membre de chaque équipe de deux cyclistes professionnels sur la piste en tout temps, de jour comme de nuit, pendant 144 heures. La première course est organisée à Montréal en 1929 et le Forum de Montréal, dans lequel on installait une vaste piste de bois circulaire pour l'occasion, fut le théâtre de ces manifestations très populaires, comme ici en 1965 au Forum ou encore au centre Paul-Sauvé.

LE STADE DE LORIMIER

Le stade De Lorimier était situé au 2101, rue Ontario Est, à l'angle de l'avenue De Lorimier, où se trouve aujourd'hui l'école Pierre-Dupuy et le parc des Royaux. Inauguré en 1928, il fut démoli en 1965. Il pouvait accueillir 20 000 personnes, ce qui était à l'époque considéré comme supérieur à plusieurs stades du baseball majeur. Le stade est surtout célèbre pour avoir accueilli les Royaux de Montréal, de la Ligue internationale de baseball, dès 1928. Un des joueurs des Royaux marquera l'histoire du stade De Lorimier et celle de Montréal : Jackie Robinson, qui est embauché le 23 octobre 1945, à la demande des Dodgers. Il devient le premier Noir à signer un contrat dans le baseball professionnel. Le 7 septembre 1960, les Royaux joueront leur dernier match au stade De Lorimier devant seulement 1 000 spectateurs. L'équipe sera ensuite transférée à Syracuse.

UN GROUPE DE GYMNASTES DE L'ACADÉMIE SAINT-LÉON

Dès le milieu du XIXe siècle, la gymnastique entre peu à peu dans les établissements scolaires. Une façon de dresser le corps et l'esprit, elle incarne parfaitement la discipline que l'on veut imposer aux élèves. On profite aussi souvent de manifestations publiques pour montrer le degré de contrôle imposé comme ici, en 1946, avec un groupe de gymnastes de l'Académie Saint-Léon.

UNE FÊTE EN L'HONNEUR DE BERNARD GEOFFRION

Le 2 mai 1952, quelques semaines après les finales de la Coupe Stanley à Detroit, Bernard « Boum Boum » Geoffrion, lauréat du trophée Calder, et sa fiancée, Marlène Morenz, font le bonheur de la foule partisane de la métropole.

LE DÉFILÉ DE LA COUPE STANLEY EN 1971

Le 18 mai 1971, les Canadiens de Montréal, avec les Jean Béliveau, Yvan Cournoyer, Jacques Lemaire et Henri Richard, remportaient la coupe Stanley en sept matchs contre les Blackhawks de Chicago. Dès le lendemain, on organise ce qui devient peu à peu le traditionnel défilé des joueurs dans les rues de la ville. Une foule nombreuse vient voir les champions tout juste débarqués de Chicago et exhibant le précieux trophée, rue Saint-Jacques.

^

LE CENTRE PIERRE-CHARBONNEAU

Au cours des années 1950, la Ville multiplie les installations sportives un peu partout sur son territoire. Pour certains, il faut aller plus loin, notamment avec un complexe sportif d'envergure. La construction du centre Pierre-Charbonneau se déroule entre 1957 et 1959. Flanqué d'un vaste hall, d'une piscine de dimension olympique et d'un gymnase de 2 500 mètres carrés, le bâtiment marque durablement le paysage de l'est de l'île. Le 7 novembre 1959, le Centre est presque terminé tandis que l'aréna Maurice-Richard, qui ne sera terminé qu'en 1962, commence à peine à sortir de terre.

>

LE PARC OLYMPIQUE

Le 8 avril 1974, les travaux du stade olympique avancent, mais plusieurs doutent de la capacité de Montréal à tenir les Jeux olympiques octroyés au printemps 1970 à la métropole. Pendant un temps, le Comité international olympique envisagera même de déplacer les Jeux à Mexico, où ils avaient été tenus en 1968. Pourtant, malgré différents problèmes (notamment des grèves) qui entraîneront maints retards, on arrivera à livrer les installations à temps même si tout n'était pas terminé. Il faudra attendre en 1984 pour que les travaux de parachèvement du mât commencent et permettent de réaliser le stade selon les plans originaux.

LE STADE OLYMPIQUE

^

Le 13 juillet 1976, soit quatre jours avant la cérémonie d'ouverture des Jeux olympiques, il reste encore beaucoup de travail à faire : le mât reste tronqué à 59 mètres du sol, les gradins sont temporaires et l'aménagement paysager n'est que partiellement terminé. On raconte même que la pose du gazon du stade a été terminée la veille de l'ouverture officielle des Jeux. On estime à près de 3,2 millions le nombre de spectateurs ayant assisté en personne aux Jeux de 1976 pendant qu'un milliard de télé-spectateurs ont suivi les compétitions aux quatre coins de la planète grâce à la télévision par satellite.

>

Dès sa conception, le stade devait avoir un toit rétractable, mais le retard sur le chantier empêcha de le réaliser. Il faudra attendre 1987 pour voir ce projet enfin se concrétiser. La toile était mobile jusqu'en 1989, comme ici le 17 juillet devant 35 110 personnes lors du match entre les Expos et les Braves d'Atlanta, mais une déchirure en juin 1991 mit fin à l'aventure du toit rétractable.

D'UNE RIVE À L'AUTRE

L'île de Montréal est au cœur de la plaine agricole la plus riche du territoire. Sa position stratégique a permis, dès le régime français, de contrôler les voies d'accès vers l'intérieur du continent. Cette situation privilégiera les activités portuaires qui définiront les activités commerciales de la ville.

La mise en service du canal de Lachine, en 1825, facilite le transport des marchandises depuis la région des Grands Lacs et fera de Montréal la métropole du Canada pendant longtemps.

À partir de 1891, un vaste chantier visant à moderniser le port est lancé. On y construit notamment une jetée qui prend le nom de Mackay, renommée Cité du Havre depuis l'Exposition universelle de 1967 où se trouve aujourd'hui Habitat 67. Suivront le quai Jacques-Cartier, le quai Alexandra et le quai King-Edward entre 1898 et 1902. Viendra ensuite la construction de silos, ou élévateurs à grains, dont le fameux Élévateur n° 5 qui cessera définitivement ses activités en 1994.

Au milieu du XXe siècle, malgré le transport routier, l'eau demeure un axe de transport déterminant. Il faut pouvoir accéder plus facilement au cœur du continent américain. Montréal était alors un verrou du transport maritime, les navires devant obligatoirement décharger leurs cargaisons dans le port de la ville avant de poursuivre leur chemin. En 1959, on inaugure la Voie maritime qui, en plus de régler les problèmes d'inondations sur l'île, ouvre un chemin direct vers les Grands Lacs. Les temps changent et le commerce maritime montréalais décline.

L'insularité montréalaise n'empêche pas les habitants de relier régulièrement, à pied en hiver et en canot l'été, les rives. Mais, avec les moyens de transport plus rapides et plus gourmands en énergie, il devient nécessaire de construire des ponts pour enjamber le fleuve.

Le premier, qui marque durablement le paysage urbain, est le pont Victoria. Il voit le jour en 1854, et ce sont plus de 2 000 ouvriers qui seront affectés à un moment ou à un autre à sa construction. Une fois terminé, le pont fait environ trois kilomètres d'une rive à l'autre. À l'époque, il est le plus long pont ferroviaire au monde, et on n'hésite pas à le qualifier de « huitième merveille du monde ». Le pont qui, au départ, est de type tubulaire, c'est-à-dire un long tube composé d'éléments en fer forgé, est exclusivement réservé aux trains.

Au cours des années 1870, les locomotives à charbon remplaceront progressivement celles fonctionnant au bois. Et ce changement cause bien vite des problèmes techniques pour la traversée : la fumée de charbon endommage l'acier de la structure, et les voyageurs en sont incommodés. Des ouvertures sont effectuées pour permettre l'aération, mais la solution est temporaire. À la fin du XIXe siècle, on remplace le tube par un tablier à poutres en treillis, en plus d'élargir le pont pour accueillir une deuxième voie de chemin de fer ainsi qu'un espace pour la traversée des voitures à cheval et des piétons.

Mais, le règne du train tire déjà à sa fin : le XXe siècle inaugure celui de la reine automobile. En 1917, Montréal compte déjà près de 6 000 automobiles dans ses rues. Dans les années 1920, un nouveau projet mobilise Montréal : celui d'un premier pont routier de 3,4 kilomètres pour relier l'île de Montréal à Longueuil en passant par l'île Ronde et l'île Sainte-Hélène. Ce sera le pont Jacques-Cartier (1925).

Suivra le pont Honoré-Mercier en 1934 qui, pour la première fois dans l'histoire de Montréal, est entièrement conçu par des ingénieurs québécois, tous diplômés de l'École polytechnique de Montréal. Exploit plutôt rare, sa construction sera terminée 10 mois avant l'échéance. Les ponts Champlain, Charles-de-Gaulle, Médéric-Martin, Galipeault ou encore de la Concorde viendront s'ajouter. Aujourd'hui, il est possible d'entrer et de sortir de l'île de Montréal par plus de 20 ponts différents qui tous fixent le paysage de la ville.

Laurent Turcot et Dinu Bumbaru

LE PONT VICTORIA

<

Inauguré en 1860 après un chantier difficile qui avait duré cinq ans, le pont Victoria, le plus long pont au monde à l'époque, ne comptait qu'une seule voie ferrée. En 1897-1898, d'importants travaux remplacent la charpente métallique d'origine par celle qu'on connaît aujourd'hui et l'élargissent pour permettre le passage des tramways qui reliaient Granby et la Rive Sud au Vieux-Montréal depuis le début du XXe siècle.

>

Le vénérable pont Victoria, avec ses robustes piliers de pierre conçus pour résister aux glaces, est photographié le 14 mars 1956 alors qu'il s'apprête à subir des modifications dans le cadre du chantier de la Voie maritime et de la construction des écluses de Saint-Lambert.

<

Le 7 juillet 1957, le chantier des grandes écluses de Saint-Lambert va bon train sans affecter la circulation sur le pont Victoria, où les tramways du début du XXe siècle viennent à peine de laisser la place aux automobiles de l'après-guerre. C'est là que la reine Elizabeth et le président Eisenhower inaugureront la Voie maritime le 26 juin 1959.

LE PONT JACQUES-CARTIER

En 1929, le chantier du pont du Havre, rebaptisé en 1934 pour rappeler le premier voyage de Jacques Cartier, est bien avancé. Montréal se dote d'un arc de triomphe sans le savoir résultant de la formation architecturale dont jouissaient les ingénieurs à l'époque.

^

L'ÎLE SAINTE-HÉLÈNE, UNE BASE MILITAIRE

Au pied du pont Jacques-Cartier, des prisonniers de guerre italiens cultivent des potagers pendant la Deuxième Guerre mondiale. Aujourd'hui un des grands parcs de Montréal, l'île Sainte-Hélène était une base militaire au XIXe siècle et est restée une propriété partielle du gouvernement jusqu'en 1992, ce qui explique qu'elle ait servi de camp de prisonniers pendant la guerre.

<

LES SOLDATS DES CANADIAN GRENADIERS GUARDS

En 1940, les soldats du régiment des Canadian Grenadiers Guards, toujours basé face au parc Jeanne-Mance, s'entraînent sur la plaine de jeux de l'île Sainte-Hélène, aux abords du pont Jacques-Cartier.

UN BEL ENTREPÔT

Le pavillon de Jacques-Cartier, bâti en même temps que le pont, est sous le tablier du pont. À l'origine, le premier étage devait être une salle d'exposition et le deuxième une immense salle de bal. La crise économique ayant frappé à peu près au moment où on inaugurait le pont, le site n'a presque jamais servi sauf comme un entrepôt pendant la guerre, puis il a été utilisé par la Ville de Montréal. En janvier 1949,

DE PROFONDES TRANSFORMATIONS À VENIR

Prise en juin 1961, cette vue aérienne du port, du Vieux-Montréal et ses faubourgs et du fleuve ne laisse aucunement présager les profondes transformations qui attendent le cœur de la métropole dans quelques années à peine, avec le passage du métro et de l'autoroute en tranchée, la construction de la Maison de Radio-Canada et d'Expo 67 ainsi que le début d'aménagement d'un site de manutention de conteneurs au bassin Bonsecours.

UNE VUE AÉRIENNE DE LONGUEUIL

La construction de la Voie maritime de 1954 à 1959 force à rehausser quatre grands ponts de la région montréalaise sans interrompre leur circulation. C'est le cas du pont Jacques-Cartier, photographié ici en 1959 avec son nouvel accès côté Longueuil. Quelques années plus tard, le caractère presque champêtre du secteur aura disparu avec l'arrivée du métro et de l'autoroute en rive.

VERS L'EXPO 67

Entre le pont Jacques-Cartier, rehaussé pour laisser passer les navires de la Voie maritime, le pont Champlain, dont on aperçoit le chantier au loin, et le port et sa jetée Mackay, le vaste site des îles et du havre de Montréal s'apprête à connaître une transformation profonde pour accueillir l'Exposition universelle en 1967.

LE VIEUX FORT DE L'ÎLE SAINTE-HÉLÈNE

Dans les années 1930, pendant que les grues s'activent à bâtir l'édifice Sun Life, le fleuve est encore vaste, la vue sur le mont Royal généreuse et le port de Montréal actif, devant le vieux fort de l'Île Sainte-Hélène. Le petit phare blanc en béton, aujourd'hui en bordure d'un stationnement, a encore les pieds dans l'eau et sert à la navigation portuaire.

UN MUR PROTECTEUR

En 1927, les Commissaires du port soulignent le 60e anniversaire de la Confédération par ces piliers installés dans l'une des portes de la muraille de pierre. Érigée le long de la rue de la Commune avec des portes comme celle-ci près de Saint-Laurent, ce mur protégeait le Vieux-Montréal des glaces et des inondations au dégel.

LE BASSIN PEEL

Début décembre 1958, entourés de morceaux de banquise, les bateaux attendent leur tour près du bassin Peel, au pied des grands silos des minoteries, pour passer les écluses du canal de Lachine où ils s'installent pour passer l'hiver.

LE QUAI DE L'HORLOGE

Le quai de l'Horloge du port de Montréal, ici en mai 1935, doit son nom au monument commémoratif aux morts de la marine marchande érigé après la Première Guerre mondiale au bout d'une série d'entrepôts et de convoyeurs, aujourd'hui disparus.

EUROPE-MONTRÉAL EN BATEAU

En juin 1968, le port de Montréal accueille désormais les nombreux voyageurs qui arrivent encore à Montréal par bateau depuis l'Europe par des passerelles protégées qui les mènent directement aux salles d'arrivée et aux contrôles douaniers, sans affronter les flaques et la boue du quai.

STOP
STOP

<
LA FERMETURE HIVERNALE DU CANAL DE LACHINE

Le 5 décembre 1956, les employés du canal de Lachine s'affairent à dégager les grandes portes des écluses de la glace pour permettre aux derniers bateaux de la saison de passer vers les Grands Lacs avant la fermeture hivernale à la navigation.

>
L'ÉLARGISSEMENT DU CANAL

En juin 1948, un siècle après le premier élargissement du canal de Lachine, en 1848, les ouvriers se hâtent de réparer la partie nord de l'écluse numéro 2 qui donne directement dans le port, face au Vieux-Montréal. Ces travaux nécessaires doivent être menés avec diligence pour ne pas entraver cette voie essentielle au commerce qui ne peut alors compter que sur le passage sud de l'écluse comme lien vers les Grands Lacs.

<
LES ÉCLUSES DE LA VOIE MARITIME

Le chantier des écluses de Saint-Lambert, la nuit, entre le roc et le béton, la valse des grues et des camions.

Redpath

LES ÉCLUSES SAINT-GABRIEL DU CANAL DE LACHINE

En avril 1986, les écluses Saint-Gabriel du canal de Lachine dégèlent lentement au printemps, encore bien entourées de ces bâtiments et complexes qui témoignent de leur importance comme berceau de la révolution industrielle au Canada.

^

LE PONT CHAMPLAIN

En attendant les charpentes métalliques enjambant la Voie maritime et les tabliers en béton précontraint, les piliers du pont Champlain apparaissent en ce 4 novembre 1959 comme l'avant-garde d'une marque de géant traversant le fleuve. À l'arrière-plan, les fermes et les terres de ce qui deviendra vite, sous l'influence de ce nouvel accès au centre-ville, Brossard, aujourd'hui la 12e ville la plus peuplée au Québec.

>

LE PONT MERCIER

Photographié en 1958, cet impressionnant chantier est celui du rehaussement de l'approche sud du pont Mercier pour accommoder le passage de la Voie maritime. Ce projet qui remonte aux années 1890 a été réalisé après des décennies d'hésitations et de négociations canado-américaines pour son financement.

UNE VUE AÉRIENNE DE CHÂTEAUGUAY

En 1961, la nouvelle approche sud du pont Mercier, à côté du village de Kahnawake, encore appelé à l'époque Caughnawaga, est terminée, mais le doublement du pont ne se fera que deux ans plus tard. Alors que le gouvernement provincial avait dû rehausser son pont routier, le Canadien Pacifique a pu choisir d'installer un double pont levant pour permettre le passage des navires océaniques.

UNE VUE AÉRIENNE DE LA VOIE D'ACCÈS DU PONT MERCIER

Conçu par des ingénieurs diplômés de l'École polytechnique de Montréal, le pont Honoré-Mercier est inauguré en 1934. Photographié ici en 1961, après son rehaussement pour la Voie maritime, il sera doublé en 1963 d'un ouvrage parallèle pour prendre son apparence actuelle.

AUSTIN
BLH
WESTERN

LE PONT-TUNNEL LOUIS-HIPPOLYTE-LA FONTAINE

Bien que le projet d'un tunnel sous le fleuve remonte à 1875, il faudra attendre 1967 pour qu'il soit inauguré dans le cadre de la route Transcanadienne. En ce 4 février 1965, les ouvriers construisent les caissons dans l'immense cale sèche créée à l'île Charron. Une fois étanches, les sections du futur tunnel Louis-Hippolyte-La Fontaine seront amenées, malgré leurs 32 000 tonnes, en position, lestées et déposées au fond du fleuve selon un ballet flottant minutieusement chorégraphié.

^

LE PONT PIE-IX, PRISE 2

En novembre 1966, les travaux avancent pour doubler et reconstruire le pont Pie-IX, ouvrage d'art inauguré en 1937 pour traverser la rivière des Prairies. Cet accroissement de la capacité reflète l'urbanisation qui s'étend vers le nord avec l'arrivée de l'automobile dans l'après-guerre.

>

LE PONT PAPINEAU-LEBLANC

Sous les clochers centenaires de l'église de la Visitation du Sault-au-Récollet, la plus ancienne de l'île, des objets sculpturaux émergent de la rivière des Prairies. Ce sont les piliers du futur pont à haubans Papineau-Leblanc. Inauguré en octobre 1969, il a été construit en 45 semaines, un record canadien !

DÉMOLITIONS ET RECONSTRUCTIONS

Le paysage urbain de la métropole reste encore grandement identifiable par la diversité historique et architecturale de son patrimoine bâti et de ses quartiers. Ce paysage est marqué par de grands repères autres que la montagne – les grands édifices qui ponctuent la silhouette de la ville ou qui ont acquis par l'usage un statut distinctif dans l'identité de Montréal, en particulier son centre-ville. Par leur envergure et leur durée, les chantiers de ces constructions vite emblématiques – l'oratoire Saint-Joseph ou l'Université de Montréal, l'édifice Aldred ou Place Ville-Marie, la Place des Arts ou le Château Champlain, le métro ou l'Expo – sont des événements spectaculaires qui animent l'actualité.

Si l'on a bâti et on continue de le faire, Montréal a aussi connu de très nombreuses démolitions depuis ses origines. On a grandement pointé du doigt les années 1950 et 1960 pour avoir allègrement rasé des centaines d'édifices, voire des quartiers entiers au nom de la vision du progrès dans l'après-guerre, insensible au patrimoine et indifférente aux dimensions humaines de l'environnement urbain. Les statistiques indiquent pourtant que le phénomène s'est poursuivi jusqu'à la fin du millénaire ; ainsi, entre 1975 et 2000, il y a eu environ 22 000 démolitions à Montréal !

Les historiens et les géographes du futur sauront mettre ce chiffre impressionnant en perspective en dressant un portrait complet de l'évolution du bâti montréalais, de sa construction et de son renouvellement, et en le comparant à ceux des décennies précédentes et à ceux d'autres grandes villes nord-américaines. Entre-temps, les

Montréalais se sont exprimés et se sont mobilisés à plusieurs reprises pour éviter la perte irrémédiable de certains de leurs édifices, trop souvent au profit de réalisations de peu d'intérêt. Il y a eu des batailles mais aussi, comme dans le cas de l'église St. Andrew, démontée et transportée pierre par pierre par les pères de Sainte-Croix pour être reconstruite à côté de leur collège de Saint-Laurent, des initiatives étonnantes.

Déjà, en 1895, ils avaient réussi à sauvegarder le Château Ramezay que le gouvernement provincial, qui en était propriétaire, souhaitait liquider ; en 1929, ce sera le premier monument historique classé au Québec. Les démolitions de la maison Van Horne, en 1973, ou de la rue Saint-Norbert, en 1975, suscitent l'indignation publique et obligeront le gouvernement du Québec et la Ville de Montréal à revoir leur attitude et leurs règles en la matière. Ces batailles ont contribué à définir la personnalité d'une action montréalaise en patrimoine, associée davantage à une approche culturelle et sociale au développement urbain qu'au seul traitement d'une liste de quelques bâtiments ou sites classés éparpillés sur le plan de la ville.

C'est que la démolition et la reconstruction des villes, une pratique qui existe depuis des siècles – pensons au percement des boulevards parisiens par le baron Haussmann – s'est grandement amplifiée à l'époque moderne par la nature et l'impact des projets de remplacement. Des quartiers anciens comme le Faubourg à m'lasse ou Victoria Town sont rasés pour faire place à d'immenses stationnements ou des installations temporaires. Dans le Vieux-Montréal ou au faubourg Saint-Laurent, la construction du nouveau palais de justice ou du Complexe Guy-Favreau, deux projets gouvernementaux, se fait au prix de démolitions, de l'effacement des tracés de rues anciennes et de l'élimination même des vestiges archéologiques car, désormais, il faut aussi occuper le sous-sol avec de vastes infrastructures ou garages souterrains. La formule des méga-îlots fait sa marque sur le territoire de la métropole.

Dinu Bumbaru et Laurent Turcot

<

L'ORATOIRE SAINT-JOSEPH

Un quart de siècle après l'inauguration, en 1904, de la petite chapelle en bois du frère André sur le flanc nord du mont Royal, entre le quartier Côte-des-Neiges et Westmount, le chantier de l'oratoire Saint-Joseph prend une envergure colossale alors qu'émerge peu à peu la basilique supérieure.

^

LA CONSTRUCTION DU PAVILLON PRINCIPAL DE L'UdeM

L'immense chantier de l'Université de Montréal, dessinée par l'architecte Ernest Cormier, se déploie sur le flanc nord du mont Royal. Installé sur le site d'une ancienne carrière de la Ville de Montréal, le bâtiment, ici avant la construction de son emblématique tour, a été inauguré en 1942 après de nombreuses péripéties.

^

L'ÉGLISE ST. ANDREW

En 1930, l'ancienne église St. Andrew de la rue Dorchester (aujourd'hui René-Lévesque) est démontée pour faire place à une nouvelle gare. Ses pierres seront transportées et l'église remontée à côté du collège de Saint-Laurent.

>

L'ÉDIFICE ALDRED

En avril 1930, l'ossature de l'édifice Aldred émerge à côté du premier gratte-ciel de Montréal, construit en 1888. Même les panneaux et l'installation du bureau de chantier reprennent l'esprit Art déco de ce joyau de l'architecture montréalaise.

ALDRED BUILDING
TWENTY THREE STOREY OFFICE BUILDING
RENTAL AGENTS
ALDRED & COMPANY LIMITED
112 ST. JAMES STREET
THE FOUNDATION COMPANY
OF CANADA
LIMITED
GENERAL CONTRACTORS
SUB-CONTRACTORS

LE CANADIEN NATIONAL

<

Entre les grandes maquettes et les dessins affichés aux murs, les dirigeants du Canadien National, une société formée par le gouvernement canadien en 1919 après la chute de plusieurs grandes compagnies ferroviaires, dont le dirigeant, Sir Henry Thornton, voyaient grand pour Montréal.

LA GARE CENTRALE

>

D'apparence modeste, le tunnel ferroviaire sous le mont Royal fut un grand exploit de génie civil au Canada. Les deux équipes qui l'ont percé se sont rejointes sous la montagne avec à peine 2,5 centimètres de décalage sur une longueur totale de cinq kilomètres. Inauguré en 1918, le tunnel a été financé par la construction de la cité modèle de Mont-Royal.

<

Dans les années 1930, la création d'un lien ferroviaire entre le tunnel du mont Royal et le pont Victoria crée une vaste tranchée béante au centre-ville qui sera enjambée de viaducs comme celui-ci de l'actuel boulevard René-Lévesque, photographié le 22 décembre 1938 à l'occasion de l'annonce de reprise des travaux de construction de ce qui deviendra la gare Centrale.

<

LA PLACE DES ARTS

Inspirée du Lincoln Center de New York et, comme lui, née d'une volonté de revitalisation urbaine, la Place des Arts s'installe sur le site de l'ancien siège de la Commission des écoles catholiques de Montréal, surnommé « le Plateau », où l'on inaugure, en 1963, la salle Wilfrid-Pelletier ici en chantier.

v

LA SALLE WILFRID-PELLETIER

La salle Wilfrid-Pelletier de la Place des Arts sur son socle temporaire, avec les herbes folles qui habitent les remblais aujourd'hui remplacés par le Musée d'art contemporain dont l'arrivée, en 1992, complétera la place et son encadrement de cette colonnade emblématique.

30
25
20
FOUNDATION
15

PLACE VILLE-MARIE

<

En 1961, malgré le chantier spectaculaire de Place Ville-Marie en arrière-plan, on se permet un moment de quiétude pour contempler les tableaux des vitrines du square Dominion, équipé en galerie d'art en plein air.

>

Le 7 juillet 1961, le chantier nocturne de Place Ville-Marie prend l'allure d'une gigantesque sculpture lumineuse alors que le squelette d'acier est progressivement habillé du mur rideau en aluminium, présage de l'installation prochaine du siège social d'Alcan dans la tour.

<

LE GOUVERNEMENT FÉDÉRAL S'INSTALLE À MONTRÉAL

La décision du gouvernement fédéral de loger ses bureaux dans un nouveau complexe immobilier entraîne la démolition d'une partie importante du Quartier chinois qui suscite de la grogne, de même que l'architecture impersonnelle du projet original. Le Complexe Guy-Favreau sera redessiné pour incorporer du logement et des espaces communautaires.

>

L'ANCIEN HÔPITAL SAINTE-JUSTINE

En 1963, quelques années après le déménagement de l'hôpital Sainte-Justine dans son nouvel édifice à Côte-des-Neiges, l'ancien bâtiment de la rue Saint-Denis, angle Bellechasse, est démoli pour faire place à un édifice de bureaux du gouvernement.

HOPITAL
SAINTE
JUSTINE

FOUILLES ARCHÉOLOGIQUES
À LA PLACE VAUQUELIN

En 1965, Aimé Desautels, directeur de l'urbanisme à la Ville de Montréal, supervise les fouilles archéologiques à la Place Vauquelin.

PLACE AU NOUVEAU PALAIS DE JUSTICE

A l'été 1963, le site du futur palais de justice est préparé en démolissant plusieurs édifices anciens, dont la grande maison Beaubien devenue Hôtel de France, haut lieu de la vie politique montréalaise. Ses pierres seront récupérées et entreposées en vue d'une hypothétique reconstruction. En 1992, tout à côté, on a éliminé le vaste stationnement du Champ-de-Mars pour mettre à jour les autres sections de ces murailles.

BERRI-DE-MONTIGNY

Ce chantier nocturne est celui de la station de métro Berri-de-Montigny (Berri-UQÀM aujourd'hui) avec le Palais du commerce remplacé par la Grande Bibliothèque, et l'ancienne gare d'autocars. Cœur du réseau original du métro et l'une des portes vers l'Expo 67, cette station est particulièrement complexe par sa géométrie.

LE BELVÉDÈRE DU MONT ROYAL

Inaugurée en 1958, la voie Camilien-Houde a été aménagée en dynamitant le tunnel du tramway 11 creusé dans le roc et en récupérant les débris pour créer un belvédère aujourd'hui très prisé des Montréalais, des touristes et... des ratons laveurs.

<

LA STATION CRÉMAZIE

Sous la Métropolitaine, les travaux d'excavation du métro et de la station Crémazie vont bon train dans les lits de calcaire, près de l'église Saint-Alphonse d'Youville.

>

LES TRAVAUX DU MÉTRO AU PARC VIGER

Ancienne entrée de Montréal depuis Québec, la gare-hôtel du CP au square Viger, conçue par Bruce Price, l'architecte du Château Frontenac, logeait les fonctionnaires municipaux en ce mois de janvier 1965 pendant que l'on creusait le tunnel du métro, grand projet de la Ville de Montréal.

<

LES TUNNELS DU MÉTRO

Le 9 novembre 1963, les travaux d'excavation des tunnels du métro se poursuivent.

HOTEL
CORONET
CORONET TAVERN
HOTEL CORONET HOTEL
CORONET
ROOM

^

UN DÉFI CONSIDÉRABLE

Les premiers travaux de construction du métro s'effectuent dans le quartier Villeray. Les excavations en tranchées vont constituer un défi considérable tant pour les ingénieurs que pour les… voisins.

>

LA FUTURE STATION BEAUBIEN

Les travaux d'excavation du métro vont bon train. Ici, en 1962, à l'ombre des clochers de l'église Saint-Édouard, on creuse pour la future station Beaubien.

DOMINION

L'AUTOROUTE MÉTROPOLITAINE

Installée dans l'axe du boulevard Crémazie, l'autoroute surélevée Métropolitaine est la seule des grandes composantes d'un plan d'infrastructures routières à avoir été réalisée. Fort heureusement, d'autres idées de cet ordre, comme la construction d'une autoroute surélevée sur le boulevard Saint-Laurent, ne l'ont pas été.

VOIE D'ACCÈS AU PONT MERCIER

Photographié le 30 juillet 1965, le spectaculaire échafaudage de cette voie d'accès au pont Mercier, alors en construction, évoque à sa façon les défis inimaginables et l'ingéniosité des bâtisseurs des aqueducs romains et des grandes cathédrales gothiques du Moyen Âge.

LA CONSTRUCTION DE L'AUTOROUTE BONAVENTURE

Grand projet de l'époque d'Expo 67, l'autoroute Bonaventure s'est faite au prix de nombreuses démolitions dans l'ancien quartier du faubourg des Récollets comme celle-ci, le 3 juin 1965. Aujourd'hui, le rêve du maire Jean Doré a été réalisé : elle a été elle-même démolie pour faire place à une entrée de ville sous forme du boulevard Robert-Bourassa.

^
LE CHÂTEAU CHAMPLAIN

Dans un geste sans précédent pour un projet de cette envergure, la conception du Château Champlain a été confiée par le Canadien Pacifique à l'architecte moderniste québécois Roger D'Astous, dont c'est une des réalisations marquantes.

>
LA TAVERNE DU SQUARE VICTORIA

Au pied de la Tour de la bourse, en février 1966, l'ancienne taverne du square Victoria, avec son enseigne en feuille d'érable et ses chambres à l'étage, a un air lilliputien. Sa forme en pointe suivait la petite rue Saint-Antoine, aujourd'hui disparue.

L'AUTOSTADE

Conçu en modules par l'architecte montréalais d'origine polonaise Victor Prus, l'Autostade est en plein assemblage en ce 28 avril 1966 pour être prêt, comme l'autoroute Bonaventure en chantier à l'arrière-plan, pour l'Expo 67 qui sera inaugurée un an plus tard. Son concept modulaire a permis ensuite d'en distribuer des sections à travers le Québec, par exemple à Thedford Mines.

Le 25 juin 1966, à 10 mois de l'inauguration, une visite du chantier de l'île Notre-Dame en autobus d'époque près du pont de l'Expo Express. Sur cette terre créée de remblais, les charpentes métalliques des pavillons britannique, français et québécois surgissent à l'horizon.

Sur la jetée du Havre, ancienne défense protégeant le port des embâcles, les travaux du Labyrinthe avancent. Les grands hexagones en bois s'empilent dans une élégante charpente qui deviendra le pavillon thématique sur l'Homme dans la cité conçu par Arthur Erickson.

>

En ce 1er novembre 1964, Montréal est en grands chantiers avec la construction de la ligne jaune du métro, du pont de la Concorde, des îles de l'Expo et même, au loin, de la Tour de la bourse au square Victoria, la plus haute structure en béton au monde, à l'époque.

LA SOCIÉTÉ RADIO-CANADA

<

Le 26 octobre 1963, la démolition du Faubourg à m'lasse avance pour faire place à ce qui deviendra la Maison de Radio-Canada et sa vaste plaine de stationnements. Des centaines de logements seront rasés ainsi que les couvents, églises et commerces de cet ancien quartier.

Le 9 février 1968, le faubourg disparu laisse place à la forêt ordonnée de piliers qui présage la future Maison de Radio-Canada avec sa forme en hexagone et son long passage courbe où était l'ancienne rue De La Gauchetière.

v

Peu avant les événements d'octobre 1970, la construction de la Maison de Radio-Canada avance et change la silhouette de l'est de Montréal avec sa tour hexagonale hors du commun.

LE RESTAURANT *CHEZ MON PÈRE* DÉMOLI

Le 20 septembre 1971, angle Saint-Laurent et Saint-Antoine, le restaurant *Chez mon père* tombe pour laisser toute la scène à l'automobile et à l'autoroute Ville-Marie alors en chantier. En arrière-plan, une des dernières maisons à versants de l'ancien faubourg Saint-Laurent attend un sort semblable.

FIDES
SICOTTE
LONG LOAD
WIDE LOAD

<

DES BÂTIMENTS VICTORIENS DÉMOLIS

En décembre 1972, l'enfilade des bâtiments victoriens de la rue Sainte-Catherine, face à la Place des Arts où s'érigera le Complexe Desjardins.

Déjà, leurs voisines d'en arrière, le long des petites rues Vallée et Devienne, avaient été démolies avant l'hiver.

>

LE CHANTIER DU COMPLEXE GUY-FAVREAU

En 1978, le Complexe Guy-Favreau est en chantier pour loger les bureaux du gouvernement fédéral et des logements communautaires. La petite église chinoise avait été épargnée des démolitions grâce à l'intervention du ministre des Affaires culturelles du Québec, Jean-Paul L'Allier qui, nonobstant son statut de propriété fédérale, appliqua la loi québécoise sur les biens culturels.

<

UNE PAGODE BIEN SEULE…

Angle Saint-Urbain et De La Gauchetière, le vide créé par la démolition de l'ouest du Quartier chinois offre l'occasion de contempler le Complexe Desjardins tout récent et l'immense stationnement, au pied d'une pagode un peu désolée.

^

DÉMOLITION DU SILO NO 2

Les silos et élévateurs à grain de Montréal et d'Amérique du Nord ont fasciné les grands architectes modernes, qui s'en sont servi pour illustrer leurs écrits. L'élévateur numéro 2 a ainsi été employé par Le Corbusier, mais cela n'a pas empêché, en 1978, qu'il soit démoli – un défi particulièrement complexe comme on voit – pour faire place à un projet de site de manipulation de

<

INTÉGRATION DU PLUS HAUT CLOCHER DE L'ÎLE DE MONTRÉAL

Construits au XIXe siècle et classés monuments historiques le 11 septembre 1973 par le ministre des Affaires culturelles du Québec, le clocher – le plus haut de l'île de Montréal et repère du Quartier latin – et le transept de l'ancienne église Saint-Jacques ont dû être intégrés à l'architecture du tout nouveau campus de l'UQAM, ici en pleine construction en octobre 1975.

>

UN DÉFI D'ARCHITECTURE

La construction du campus de l'UQAM avec la contrainte de conserver et d'intégrer l'ancien clocher et transept de l'église Saint-Jacques posera aux architectes et ingénieurs un extraordinaire défi d'architecture et de génie. Sur cette vue du 22 octobre 1975, entre la rue Saint-Denis et le Palais du commerce, l'édifice de l'Ambulance Saint-Jean, conçu par l'architecte Jean-Paul Pothier, se démarque par ses deux croix de Malte blanches auxquelles était suspendu l'immeuble.

<

PERCEMENT DU BOULEVARD DE MAISONNEUVE

Répondant au souhait impératif des responsables de créer une voie traversant le centre-ville d'est en ouest, le boulevard de Maisonneuve fut percé en tranchant dans les îlots traditionnels de la ville victorienne comme ici entre les rues Drummond et Guy, au fond.

^

LA MAISON VAN HORNE DÉMOLIE

Les 8 et 9 septembre 1973, au terme d'une longue polémique qui anima Montréal mais laissa les gouvernements indifférents, la grande maison en pierre grise de l'ancien dirigeant du CP William Van Horne, angle Sherbrooke et Stanley, est démolie pour faire place à une tour de bureaux ordinaire. Équivalent montréalais des batailles des Halles à Paris et de Pennsylvania Station à New York, cette démolition provoquera la formation de Sauvons Montréal suivie, en 1975, de celle d'Héritage Montréal et lancera une réflexion sur la façon de développer la métropole.

LES COMMERCES HÉTÉROCLITES DE LA RUE CRAIG

En 1974, la rue Craig – aujourd'hui Saint-Antoine –, avec son enfilade de boutiques, de brocantes et de prêteurs sur gages, était un lieu bien connu du Montréal populaire, entre le Vieux-Montréal et le centre-ville.

ÉLARGISSEMENT DE L'AVENUE MCGILL COLLEGE

En 1985, la construction de cette tour de bureaux post-moderne marque l'élargissement de l'avenue McGill College et de sa vue sur la montagne. Cette photo a été prise tout juste après la polémique que provoqua le projet d'un centre commercial qui aurait bloqué la vue, une polémique tellement forte que le promoteur avait accepté de financer une consultation publique indépendante, la première du genre à Montréal.

LES CATASTROPHES

Depuis les premiers jours de Ville-Marie et les crues de janvier 1643 qu'évoque la croix lumineuse érigée en 1924 sur le mont Royal, l'histoire de Montréal est jalonnée de catastrophes. Pendant des siècles, leur origine est naturelle, mais avec l'industrialisation, l'urbanisation et le développement des transports à Montréal apparaissent de nouvelles menaces. Les accidents ferroviaires ou les explosions dans les usines, les minoteries ou les carrières suscitent la préoccupation, voire les protestations des citoyens, et attirent l'attention des autorités municipales, qui doivent adapter l'administration de la Ville, ses infrastructures et sa réglementation.

Les remontées saisonnières du fleuve ont marqué l'imagination et laissé des traces sur les pierres grises comme celles de l'ancien siège de la Allan Line, angle des rues Saint-Pierre et de la Commune où l'on a gravé le niveau de l'inondation du 18 avril 1886 à côté de l'entrée. Ces crues ont aussi amené la réalisation d'importants ouvrages de génie civil comme la construction d'un mur en pierre le long de la rue de la Commune, dont il reste quelques sections, de la jetée Mackay, aujourd'hui la Cité du Havre, et de digues à Pointe-Saint-Charles et à Verdun.

Les incendies sont les catastrophes les plus courantes, voire les plus marquantes lorsqu'ils frappent de grands monuments comme l'hôtel de ville, la basilique Notre-Dame ou le marché Bonsecours. Ces incendies font la manchette et provoquent chacun à sa façon des réflexions sur la reconstruction – à l'identique ? à la moderne ? un peu des deux ?

La crainte du feu et de sa propagation dans la ville est à l'origine des ordonnances telle celle de 1727 par l'intendant Dupuy, en Nouvelle France, imposant le principe d'un mur coupe-feu et interdisant les constructions en bois à l'intérieur des villes. Elle amène aussi la Ville de Montréal à mettre en place un télégraphe d'alarme puis, en 1863, un corps permanent de pompiers.

Parmi les plus anciennes photographies que l'on ait de Montréal, il y a celles de ses ruines après le grand incendie des 8 et 9 juillet 1852 qui détruisit le cinquième de la ville, dont la cathédrale et la brasserie Molson. Ce même incendie amena la Ville à repenser son réseau d'aqueduc et à creuser un grand réservoir – le réservoir McTavish sur le mont Royal – pour remplacer celui du Quartier latin, trop petit et trop bas pour fournir la pression requise, qui est devenu l'actuel square Saint-Louis. Près de 150 ans plus tard, la crise du verglas de 1998 a eu un effet semblable à l'échelle de la région métropolitaine et, par la suite, on a renforcé le réseau d'aqueduc et son autonomie.

De plus en plus présentes avec le XIXe siècle et le développement industriel et économique de la métropole, les compagnies d'assurance nous ont laissé un patrimoine architectural de grande qualité, mais aussi de précieux documents sur Montréal et ses quartiers – les atlas. Avec une précision comparable aux plans militaires, ces atlas cartographient en détail le bâti, les types de construction et les usages, voire les noms d'entreprises, d'organisations communautaires ou des propriétaires. Avec leurs mises à jour, ce sont d'importantes sources de connaissance de Montréal et des autres municipalités de la région métropolitaine.

Dinu Bumbaru et Laurent Turcot

HERALD
PRINTING
HERALD

<
EFFONDREMENT D'UN CHÂTEAU D'EAU

Le 13 juin 1910, cette photographie témoigne d'un sinistre plutôt insolite : le château d'eau du journal *The Herald*, fondé en 1811, s'effondre et entraîne avec lui l'étage mansardé de l'édifice et la grande enseigne de ce quotidien, suscitant la curiosité des passants.

v
INCENDIE RUE METCALFE

En 1964, le feu frappe cette ancienne maison victorienne de la rue Metcalfe, transformée, comme tant d'autres rues, en restaurants, commerces et maisons de chambres. Au fond, l'enseigne du mythique restaurant Ben's Delicatessen, haut lieu des nuits et du smoked meat de Montréal...

<

Le 3 mars 1922, en soirée, l'alarme est sonnée par le gardien de nuit de l'hôtel de ville de Montréal, qui sera totalement dévasté par le désastre. Encore aujourd'hui, on ressent le trou de mémoire causé par la perte d'une partie importante des archives municipales dans ce sinistre.

L

L'hôtel de ville de Montréal au lendemain du sinistre du 3 mars 1922 n'est plus qu'une coquille de pierre remplie de débris et de cendres, couverte de suie et de glace. Sa charpente de bois s'est envolée.

v

En 1926, au terme d'un grand projet de reconstruction – incombustible – et d'amélioration qui le rehaussera d'un étage et remplacera la grande tour qui marquait son entrée par le clocheton qu'on lui connaît aujourd'hui, l'hôtel de ville reprend du service.

^

INONDATION AVENUE DU PARC

L'inondation d'un viaduc ferroviaire sur l'avenue du Parc, en juin 1952, crée l'événement pour ces jeunes des quartiers ouvriers voisins.

>

HOCHELAGA

Rue Notre-Dame à Hochelaga, le tramway et quelques grosses voitures voguent tranquillement le long des réservoirs du port en avril 1951. La rue est devenue une voie rapide et a perdu ses grands ormes.

22
1614
GAYETY
Easter Parade
STARS

INONDATION SUR DÉCARIE

Le 14 juillet 1987, un orage intense transforme l'autoroute Décarie, construite en tranchée quelque 20 ans plus tôt, en vaste bassin. Le spectacle de ces dizaines de véhicules figés dans l'eau attire les curieux par centaines, beau temps, mauvais temps.

<

LE WEEK-END ROUGE

Pendant la grève des pompiers de Montréal qui débute le 31 octobre 1974, le feu, accidentel ou non, frappe les quartiers populaires. C'est le week-end rouge qui laissera de nombreuses blessures dans le paysage, dont plusieurs sont transformées en petits parcs par la suite.

>

ENCORE LA RUE SAINT-PAUL

Les pompiers combattent un incendie sur la rue Saint-Paul, en ce 29 décembre 1965. Premier quartier de la métropole, le Vieux-Montréal, que le gouvernement du Québec classe arrondissement historique en janvier 1964, a connu bien des feux dans sa longue histoire, dont certains particulièrement dévastateurs.

FORUM FLORIST

Poulet

GRANDE PERTE AVENUE DU PARC

Cette belle résidence en grès rouge aurait bien cadré sur les flancs cossus de la montagne. Sa place sur l'avenue du Parc témoigne du prestige de cette nouvelle rue au début du XXe siècle. Incendiée le 8 avril 1973, elle a été démolie et remplacée par un immeuble commercial, massif et ordinaire.

INCENDIE CRIMINEL
À LA BASILIQUE NOTRE-DAME

Le 7 décembre 1978, un incendie criminel dévaste la spectaculaire chapelle du Sacré-Cœur de la basilique Notre-Dame, causant tout un émoi et lançant un débat sur sa reconstruction – à l'identique, à la moderne ou un peu des deux ?

Inaugurée en 1891, la chapelle du Sacré-Cœur de la basilique Notre-Dame pouvait accueillir 1 000 personnes dans un décor richement orné de sculptures et de peintures que l'incendie de 1978 endommagea gravement. Sous les auspices des architectes Jodoin Lamarre et Pratte, la reconstruction durera de 1979 à 1982 ; on restaurera ce qui pouvait l'être et on le complétera à la moderne.

QUEBEC
RENTAL

TRISTE SPECTACLE AU MARCHÉ BONSECOURS

En juillet 1976, le dôme du marché Bonsecours est incendié et sa coupole en acier, elle-même construite en 1964 pour remplacer la coupole de 1847 détruite par le feu en 1948, doit être déposée dans une opération inusitée, haute en spectacle. Deux mois plus tôt, c'était le dôme de l'ancien pavillon américain d'Expo 67 qui subissait le feu.

L'ARCHITECTURE ROUTIÈRE

Après la rue Notre-Dame, le premier grand axe qui traverse Montréal d'est en ouest au XVIIe siècle suit le tracé de ce qu'on appellera plus tard la « Main », soit l'ancienne rue Saint-Lambert renommée chemin, rue puis boulevard Saint-Laurent du nord au sud. La circulation qu'imposent les piétons, les chevaux, les chemins de fer puis les premières voitures à la fin du XIXe siècle force la municipalité à ouvrir de grands axes qui deviendront des voies rapides pour relier les quartiers s'étendant, au cours du XXe siècle, à toute l'île. En 1920, on compte déjà 13 000 automobiles à Montréal.

Au début des années 1950, Montréal est à la traîne, perdant peu à peu son statut de métropole canadienne au profit de Toronto, sa rivale. Un électrochoc est nécessaire. Les changements sociaux, économiques et culturels obligent à se tourner vers l'avenir et… l'automobile. L'augmentation de la population se fait sentir et, plus encore, le désir des familles de s'établir en banlieue et de pouvoir relier rapidement le centre-ville à leurs bungalows douillets, où le gazon pousse et où les rues n'ont pas de trottoirs.

Les grands chantiers appelés à transformer durablement la ville sont lancés. En quelques années, on voit d'immenses artères se dessiner et découper de nouveaux espaces. De 1951 à 1961, la population de Montréal augmente d'un demi-million de personnes. Au cours des seules années 1960, on assiste à la réfection du boulevard Dorchester (aujourd'hui René-Lévesque), à l'édification de l'autoroute Métropolitaine (ouverte en 1959), du pont Champlain (1955-1962), de l'échangeur Turcot (1965-1967), de l'autoroute Décarie et du pont-tunnel Louis-Hippolyte-La Fontaine (1960-1967), ainsi qu'à la modification du tracé de l'autoroute Transcanadienne.

De novembre 1966 à mars 1967, pas moins de 259 kilomètres d'autoroutes sont parachevés dans la région de Montréal. Le règne de l'automobile se confirme un peu plus chaque jour. L'époque laisse peu de place à la consultation ou à la contestation : il faut construire, vite, et être prêt pour les grands événements, soit l'Expo universelle de 1967 et, quelques années plus tard, les Jeux olympiques de 1976, obtenus au printemps 1970.

Pourtant, Montréal est passée à côté de grands axes qui auraient pu changer complètement le regard que l'on porte sur la ville. On avait en effet imaginé de construire une autoroute nord-sud sur Papineau qui aurait eu pour résultat de raser tout le quadrilatère formé des rues Papineau, De Lorimier, Ontario et Sherbrooke afin d'y ériger un énorme échangeur permettant de relier le centre-ville (dont l'autoroute Ville-Marie) et le pont Jacques-Cartier. Autre projet abandonné : la construction d'une autoroute surélevée sur le boulevard Saint-Laurent, un peu comme l'autoroute Métropolitaine. Les critiques sévères émises à la suite de la construction de la Métropolitaine amènent toutefois l'administration Drapeau, peu après l'ouverture du boulevard, à annoncer qu'elle n'approuvera plus aucune voie élevée à Montréal.

Les différentes photos rassemblées ici montrent une ville qui se lance dans des chantiers titanesques, obsédée par sa volonté d'accompagner un baby-boom qui, pense-t-on, se poursuivra pendant plusieurs années encore. Mais cela sera remis en question par la crise du pétrole des années 1970. Les grands tronçons d'autoroutes construites dans ce qui constituait la campagne montréalaise inciteront de plus en plus de gens à quitter le centre pour s'établir non loin de ces grands axes. Pourtant, après l'extension du parc immobilier, on parlera bientôt, au tournant du XXIe siècle, de sa concentration. Montréal n'ayant plus de place pour ces grands axes, ce sont vers les transports en commun qu'il faudra se tourner ou encore reconstruire d'anciennes structures, comme l'échangeur Turcot, en y intégrant les transports collectifs.

Laurent Turcot et Dinu Bumbaru

^

L'AÉROPORT DE DORVAL

Inauguré en septembre 1941 pendant la Deuxième Guerre mondiale, l'aéroport de Dorval devient rapidement un pôle de transport et la tête du pont aérien entre l'Amérique et l'Europe. Mais encore faut-il s'y rendre rapidement : si le train existe déjà, la révolution automobile commande des autoroutes, un rond-point (en chantier) et des hôtels (ici le Hilton en construction).

<

LA « WALL STREET DU CANADA »

Avec la révolution industrielle, la rue Saint-Jacques devient le point de départ pour relier Ottawa en diligence avant de s'établir comme la « Wall Street du Canada ». En ce 29 mai 1935, une odeur de printemps flotte sur la métropole qui se relève de la crise de 1929.

VUE DE L'ÉDIFICE SUN LIFE

Ancienne rue résidentielle devenue, au XXe siècle, le grand axe commercial de la métropole, la rue Sainte-Catherine, devient emblématique du Montréal d'après-guerre. On voit ici une magnifique image de la ville le 1er avril 1958, soit avant les grands chantiers de démolition qui densifieront le centre-ville et les bâtiments qui s'élèveront de plus en plus haut.

LE PONT JACQUES-CARTIER PRIS D'ASSAUT

^

Peu après sa construction, le pont Jacques-Cartier est rapidement pris d'assaut par le nombre croissant d'automobilistes de l'après-guerre. Avec l'automobile arrivent les stations-service et leurs méga-enseignes. Les embouteillages (ici en 1958) ne seront que plus nombreux au fil des années.

^

L'homme d'affaires Hector Barsalou ne s'étant pas entendu avec la Ville pour lui céder son usine de savon, le pont Jacques-Cartier devra afficher une courbe prononcée et aboutira dans le faubourg Sainte-Marie dans un spaghetti de courbes pour se rattacher à la trame des rues du début du XIXe siècle. À droite, l'ancien stade de baseball De Lorimier des Royaux de Montréal.

<>

DE RUE À BOULEVARD DORCHESTER

Percée à travers les anciens quartiers victoriens de l'ouest de l'île et le Faubourg à m'lasse à l'est, la rue Dorchester – bientôt élargie en boulevard pour assurer la fluidité de la circulation automobile en pleine explosion – deviendra un nouvel axe de communication est-ouest où s'élèveront les grands monuments du centre-ville moderne. Ici, au début des années 1960, on voit les chantiers des gratte-ciels emblématiques tels le siège d'Hydro-Québec, Place Ville-Marie et la tour CIBC.

↲

L'AUTOROUTE MÉTROPOLITAINE

Sur cette photo prise le 29 août 1959, Parc-Extension est au bout de la ville où se trouve le Centre Rockland qui pourra bientôt bénéficier du grand chantier de l'autoroute Métropolitaine, ouverte quelques mois après. L'autoroute des Laurentides, au nord, s'élance dans la campagne montréalaise.

LE ROND-POINT DE VILLE SAINT-LAURENT

Avant l'invention des grands échangeurs à niveaux multiples, le rond-point constitue la seule façon de résoudre les problèmes complexes de croisement entre différents axes routiers. Ici, le rond-point de Ville Saint-Laurent en 1962 qui est déjà en chantier pour devenir l'échangeur Décarie.

L'APPROCHE DU PONT CHAMPLAIN

Le 16 septembre 1963, le pont Champlain, complété, ouvre un horizon de développement immobilier sur l'île des Sœurs (complètement agricole à cette époque) et sur la rive sud, où naîtra Brossard. Aujourd'hui, le pont Champlain, le plus fréquenté au Canada, constitue une clef de voûte de l'architecture du réseau autoroutier nord-américain, en reliant notamment Montréal aux États-Unis.

L'ÉCHANGEUR DE VILLE D'ANJOU

Ville d'Anjou est une vaste plaine d'où surgit la pieuvre géante en béton que sera l'échangeur de l'autoroute Métropolitaine et de l'Autoroute 25 vers le pont-tunnel Louis-Hippolyte-La Fontaine.

^
DE NOUVEAUX SYSTÈMES D'ÉCLAIRAGE

Ouvrages d'ingénieurs au service de la vitesse et de la sécurité, les autoroutes sont aussi l'occasion de tester de nouveaux systèmes intégrés d'éclairage continu. Ici, on équipe les rampes de l'autoroute Bonaventure de réflecteurs. À quelques jours de l'Expo, en ce 17 avril 1967, l'éclairage de nuit devient un spectacle de design.

>
L'ÉCHANGEUR DES AUTOROUTES 40 ET 13

En 1973, le chantier de l'aéroport de Mirabel aidant, le réseau de transport s'étend de plus en plus dans la région métropolitaine provoquant une urbanisation rapide de la campagne tant sur l'île qu'en périphérie. Ici, le chantier de l'échangeur des autoroutes 40 et 13.

<
L'AUTOROUTE 13

La construction de l'autoroute 13, ici à la hauteur de Dorval le 29 septembre 1975, montre une ville qui se referme peu à peu sur son aéroport, mais qui renforce aussi la dimension intermodale de la ville qui date du régime français.

>
LE CENTRE-VILLE

À l'automne 1975, la rupture que provoque l'autoroute Ville-Marie, sur piliers à l'ouest, se poursuit au centre-ville en dépit du choix d'une stratégie de construction en tranchées souhaitée pour éviter la séparation des quartiers. Par son échelle et sa nuisance sonore, l'autoroute n'a pas respecté les intentions louables de ses concepteurs.

DEUX MONDES SÉPARÉS

L'autoroute Ville-Marie s'est immiscée dans la falaise Saint-Jacques, amplifiant la césure qui s'était faite par le tracé ferroviaire au XIXe siècle. En ce 22 octobre 1975, on voit deux mondes séparés par ces infrastructures d'envergure continentale, le quartier Saint-Henri (en bas) et Westmount (en haut) en continuité avec le centre-ville plus à l'est.

INDEX DES PHOTOGRAPHIES

› L'éditeur tient à remercier Yves Dugas, recherchiste photo à *La Presse*, qui a su guider les auteurs dans l'immense patrimoine photographique du quotidien.

LES PHOTOGRAPHIES DU LIVRE SONT TIRÉES DES ARCHIVES DE *LA PRESSE* :

SOURCE NON IDENTIFIÉE

Couverture 1, 18, 19, 20, 24, 25, 28 (haut et bas), 29, 30, 31, 34-35, 36, 37, 40, 42, 43, 44, 45, 48-49, 52-53, 53, 54, 55, 61, 65, 66, 66-67, 71, 72 (haut et bas), 73, 74 (haut), 76, 77, 78-79, 80, 81, 83, 99, 104, 111, 114-115, 116-117, 119, 126-127, 128-129, 128, 130-131, 131, 136, 137 (haut et bas), 138, 139, 140-141, 142, 143, 145, 148-149, 150, 151, 154, 154-155, 156-157, 158, 159, 160 (haut et bas), 164, 166, 168, 169, 172-173, 182 (haut et bas), 183, 184-185, 187, 189, 200 (haut et bas), 201, 202, 203 (haut et bas), 204, 206, 207, 208-209, 210, 212, 214 (haut), 215, 218, 218-219, 228-229, 229, 230, 231, 232 (haut et bas), 233, 235, 234-235, 236, 239, 240, 244 haut, 246, 247, 254-255, 256 haut, 257, 262 (haut et bas), 263, 268, 271, 274, 275, 276 (haut et bas), 277, 278, 278-279, 282, 288-289, 292, 294-295, 296, 302-303, 305, couverture 4

BANQ

Brault, Bernard

243, 248, 249

Goupil, Jean

238

Létourneau, Jean-Yves

252, 293

St-Jean, Réal

242

Talbot, Paul-Henri (BANQ)

Page de garde 1, 299 (haut)

Photographe inconnu

86, 87 (haut et bas), 102-103 (haut et bas), 146

STM

70

ARCHIVES VILLE DE MONTRÉAL

(VM94-Z23-1) 64

REMERCIEMENTS

Réaliser un livre de cette ampleur ne peut être possible qu'avec l'aide d'une équipe animée par un amour de la ville et des archives. C'est ce que nous avons trouvé aux Éditions La Presse et plus particulièrement avec Caroline Jamet, Jean-François Bouchard, Sandrine Donkers, Yves Bellefeur, Célia Provencher-Galarneau et Véronique Beaudry. Merci aussi à Yves Dugas, recherchiste photo à *La Presse*, à Mireille Lebeau de Bibliothèque et Archives nationales du Québec et à tous ceux qui nous ont conseillé tout au long de ce projet : Michel de la Chenelière, Stéphanie Neveu, Charlotte et Simon, Myriam Wojcik, Frédéric Bouchard, Amélie Quesnel-Vallée, Alexandre Taillefer, Pierre-Luc Brisson, François William Croteau, Catherine Mathys, Aurélie Lanctôt, Elsie Lefebvre, Émilie Villeneuve et Mathieu Saint-Onge.